大学围棋专业系列教材

策划　南京工业大学浦江学院围棋文化研究中心
湘潭大学围棋文化研究中心

名誉主编：蔡绪锋
总　主　编：何云波

围棋产业概论

主　编　覃洪兵

副主编　张行涛

山西出版传媒集团　书海出版社

图书在版编目（CIP）数据

围棋产业概论 / 何云波主编 . —太原：书海出版
社，2023.8
ISBN 978-7-5571-0116-9

Ⅰ.①围… Ⅱ.①何… Ⅲ.①围棋—体育产业—研究
—中国 Ⅳ.① G891.3

中国国家版本馆 CIP 数据核字（2023）第 129058 号

围棋产业概论

主　　编：	何云波	
责任编辑：	张　洁	
执行编辑：	侯天祥	
助理编辑：	王逸雪	
复　　审：	崔人杰	
终　　审：	梁晋华	
装帧设计：	谢　成	

出 版 者：山西出版传媒集团·书海出版社
地　　址：太原市建设南路 21 号
邮　　编：030012
发行营销：0351 - 4922220　4955996　4956039　4922127（传真）
天猫官网：https://sxrmcbs.tmall.com　电话：0351 - 4922159
E - mail：sxskcb@163.com　发行部
　　　　　sxskcb@126.com　总编室
网　　址：www.sxskcb.com

经 销 者：山西出版传媒集团·书海出版社
承 印 厂：山西出版传媒集团·山西新华印业有限公司

开　　本：720mm×1020mm　　　1/16
印　　张：12.5
字　　数：220 千字
版　　次：2023 年 8 月　第 1 版
印　　次：2023 年 8 月　第 1 次印刷
书　　号：ISBN 978-7-5571-0116-9
定　　价：40.00 元

如有印装质量问题请与本社联系调换

总　序

2014 年 1 月，在清华大学"围棋文化交流与研究"基金成立大会暨"围棋文化、交流与大学"研讨会上，我作了一个主题发言，题为"围棋与大学的使命"。主要讲了两点：第一、在围棋文化研究与围棋交流中，大学可以起到什么样的作用；第二，在大学教育与大学生人格熏陶、素质培养中，围棋可以起到什么样的作用。

中国围棋源远流长，两千多年来，中国围棋留下了许多宝贵的遗产，围棋也成了中国文化的象征。而今，围棋又不断地从中国走向世界，获得越来越多的不同肤色的人的认同、喜爱。然而，现在人们更多地把围棋看作是一种体育竞技，围棋技术类书籍也很多，对围棋文化的研究、发掘却很不够。而大学围棋教育，特别是作为素质教育，取得了较大的成绩。但真正的专业教育缺失、教材滞后，却成为制约大学围棋教育取得长足发展的瓶颈。

目前中国大陆围棋教育主要集中于各大围棋培训机构的少儿围棋培训，同时围棋也逐步进入中小学和大学的课堂。2001 年，教育部和国家体育总局就联合下发了三棋进课堂的文件，在一些地区，棋类教育已经成为学校的校本课程。就大学而言，很多高校都开了围棋文化选修课，作为大学生素质教育的一个重要组成部分。围棋进入教育体制，可以说使围棋有了深厚的根基，获得了长久的发展动力。

但相对来说，围棋主要是作为课程进入大学的教学体系。就围棋专业而言，韩国明知大学 1997 年创办了围棋专业，在国际上已具有一定的知名度和影响力。而中国内地专业围棋教育，主要有几种模式：

第一，特招模式。这是针对专业棋手，他们可以通过审核进入大学学习，但学的专业是非围棋的各种专业。

第二，专业方向模式。如武汉体育学院，在运动训练专业中设围棋专项，从 2009 年开始招生。2016 年，国家体育总局科教司和教育部高校学生司印发的《2016 年普通高等学校运动训练、武术与民族传统体育专业招生管理办法》，围棋和国际象棋被纳入到招生的体育项目之中，共有 89 所高校具备招生资格，其中大部分是体育类院校和师范类院校。

第三，挂靠模式。南京工业大学浦江学院，在 2016 年成立了围棋学院，在工商管理专业中设围棋管理与教育方向。2019 年，申报获批文化产业管理专业，以围棋管理与教育作为专业方向。上海建桥学院也在传播学下面设立了围棋方向。

中国高等教育尽管有了围棋专项，但在教材建设上并没有相应地跟进。面向非专业的大学围棋选修课教材，仅有《大学围棋》（曹志林、杜宇锋、孙远著，上海文化出版社，2011 年），稍后有何云波主编的《围棋文化教程》（北京大学出版社，2015 年第一版，2021 年第三次印刷）。而专业的围棋教材，则基本上付诸阙如。

2016 年，南京工业大学浦江学院设立围棋管理与教育专业（方向）之初，就成立了大学专业围棋教材编辑委员会。在教材编撰过程中，中国围棋协会主席林建超，泰国正大集团副董事长蔡绪锋，中国棋院原院长华以刚，广西华蓝集团董事长、中国围棋协会副主席雷翔，山西人民出版社（书海出版社）社长姚军等亲临指导，也有围棋文化研究专家如陈祖源、胡廷楣、张如安、孙德常等，还有职业棋手王海钧、李喆、王哲明、苏甦，长期从事围棋管理与教育的王力、覃洪兵、张行涛、胡煜清、刘健、闻捷、王志刚等积极参与。在大家的共同努力下，历时六年，终于完成其中三部《围棋学导论》《大学围棋教程》《围棋产业概论》。

中国大学围棋教育，已经初具规模，围棋学作为一个学科也呼之欲出。然而，对围棋的本质、规律、价值的探讨、总结，却颇为薄弱。《围棋学导论》即试图建构围棋作为一门学科的一套基本理论。本书除绪论外，共分七章：围棋本质论、围棋系统论、围棋思维论、围棋价值论、围棋形制论、围棋技艺论、围棋欣赏论。建构围棋学，是围棋教育的需要，也是促进围棋发展的需要，具有重要的理论与实践意义。

《大学围棋教程》除绪论《认识围棋》外，共分四篇。气篇：棋子的生存之本；地篇：棋子的生存空间；形篇：围棋的美学；理篇：棋法与棋理。基本上秉承了《围棋文化教程》的思路，将围棋之"技艺"，提炼出三个核心概念：气、地、形。"气"解决的是棋子的生存问题，吃子、逃子、对杀、死活等，都与"气"有关。"地"要解决的是围棋的围空、效率的问题，如布局、定式、官子等。"形"事关围棋之"美"，如何下出既漂亮又实用的棋来。气、地、形是围棋之"技"之"艺"需要解决的三大问题，也是人生面临的三大问题：如何活着，如何活得更好，如何活出精神的美学的品味来。此即棋如人生乎！而"棋法"与"棋理"，既是棋之"法"与"理"，也通人生之"道"。

《围棋产业概论》则是国内第一本对围棋产业做系统总结的理论著作。编写团队主要由华智体育产业股份公司及长期从事围棋产业研究，具有产业经济学学习背景的学者、专业人员等组成。他们既有实践经验，又有较好的理论素养。目前中国的围棋产业，主要集中在棋类用品、赛事、教育培训、传播几个方面，正在起步阶段，还有着很大的可拓展的空间。对围棋产业的理论研究，也就特别具有理论和现实意义。希望《围棋产业概论》只是一个起点，未来还有更系统、更完善的《围棋产业学》问世。

本系列教材除了已经完成的这三本，还有《围棋教育学》《世界围棋简史》等在筹划中。南京工业大学浦江学院在国内率先从事围棋专业教育，立志打造围棋的"黄埔军校"。湘潭大学围棋文化研究中心也致力于围棋文化的研究与推广。希望有更多的同道参与进来，大家一起努力，将中国的围棋教育实践与理论研究推向一个新的高度。

围棋是戏、技，也是艺、道，既是形而下之器，也通形而上之道。而围棋教育，既是职业教育、技能教育，也是素质教育、人格教育。

如何让棋的技艺教育与棋文化教育有机结合起来，更需要我们做切实的研究，并做出理想的教材来。当然，这就需要棋界、教育界、学术界的共同努力了。

何云波

2023 年 2 月 20 日

目 录

第一章　绪论

本章导读：

本章首先从围棋的特性入手，介绍围棋产业的概念及构成。其次，描述围棋产业链的概念及构成，提出发展围棋产业的意义。本章的最后，阐述围棋产业发展现状、机遇和挑战。

学习目的：

1. 了解围棋产业的概念、构成。
2. 形成对围棋产业链的认识。
3. 了解我国围棋产业发展的状况、挑战及机遇。

第一节　围棋产业概述

围棋起源于中国，已有4000多年历史，"琴棋书画"中的棋就特指围棋。围棋不仅是体育项目，更是中华民族历史文化的瑰宝。围棋之所以能从一项游戏、一种文化发展成为一个产业，与其自身的特性密不可分。

一、围棋的特性

围棋是对弈双方以胜负为目的而进行的脑力、体力、心理和技巧直接竞争与对抗的棋类游戏。围棋作为一个竞技体育项目，具有完整的竞技规则和系统

的赛事体系,是现代益智型体育竞赛的重要项目。围棋除天然的竞技属性外,还具有以下主要特性:

（一）文化性

围棋是中华民族思想和智慧的结晶,承载了几千年中华文化的核心与精髓,带有鲜明的中国传统文化特征。围棋充分体现了平等、平衡、中庸、和谐、相对、效率、得舍、自然、辩证等中国传统文化的思想内涵和形意相融的美学观点,受到儒道释三家的共同推崇。

（二）哲理性

围棋规则简单但运用变化无穷,是逻辑思维与形象思维的完美结合,是人类思维最自然、最基本的表现形式。围棋技巧与棋艺中包含的思想与哲学、数学、思维科学、计算机科学、军事科学及美学等多学科的哲理是相通的。

（三）教育性

围棋的教育性主要体现在通过学习与对弈,可以提升个人的综合素质。学习棋艺,可以帮助开发智力,培养科学思维方法;通过比赛、对弈培养竞争意识和承受挫折的能力;通过对棋理的研究,学习深邃的中国文化思想和相关的现代科学理论与方法。

（四）娱乐性

围棋是人与人之间交流的一种方式。通过自身参与围棋对弈或观赏他人对弈,不仅可以获得身心的愉悦,还可以结交朋友。宋代诗人苏轼所作《观棋》中提到"胜固欣然,败亦可喜",强调了围棋的忘忧与遣怀功效。

二、围棋产业的概念及构成

（一）围棋产业的概念

本教材参照《体育产业统计分类（2019）》中关于体育产业的定义,将围棋产业界定为"为社会公众提供围棋服务和产品的活动,以及与这些活动有关联的活动的集合"。围棋产业是社会分工的产物,是建立在新的商业模式、服务方式、管理方法和网络技术基础上的新兴业态。

围棋产业化是指把围棋作为一种资源和商品,按照商业运营的逻辑,变成相关各方可以盈利的产业链条的过程。围棋的产业化是推动围棋可持续的、良性发展的重要手段。我国围棋产业化才刚刚起步，任重而道远。

（二）围棋产业的构成

围棋产业依据与棋手、俱乐部等围棋运动核心要素的紧密关联程度以及在产业中的重要程度，可划分为核心产业、关联产业和衍生产业。

1. 核心产业：指在围棋产业中比重较大、综合效益较高、产业关联度强以及对其他业态发展具有较强带动作用的产业，如围棋竞赛表演、围棋场馆运营、围棋培训等。

2. 关联产业：指与围棋主体产品或服务运行密切相关的产业，是直接配合或围绕围棋核心产业发展起来的产业，是为围棋核心产业的建设发展而形成的产业，如围棋运动用品用具、围棋媒体、围棋文化创意衍生品、围棋营销、围棋经纪等。

3. 衍生产业：指围棋与各行业、各领域融合发展所产生的产业以及互联网技术所形成的新兴产业，如围棋旅游、围棋博彩、围棋科研、围棋拍卖、围棋综艺节目、AI研发等。

三、围棋产业链的定义及构成

（一）围棋产业链的定义

围棋产业链是指围绕围棋运动及其文化衍生出来的，包含生产要素提供、产品生产、产品销售、产品消费等一系列经济活动的集合。这些经济活动依其关联顺序包括生产要素供应、产品研发与生产（服务）、传播与销售等，其表现形态包括产品链、供应链、销售链、物流链、信息链、研发链、需求链、风险防控链等。

（二）围棋产业链的主要构成

根据围棋产业的构成，围棋产业链主要包括围棋竞赛表演产业链、围棋培训产业链、围棋场馆建设与运营产业链、围棋衍生品产业链等。

围棋竞赛表演产业链以棋手或俱乐部的竞赛表演为对象，通过赛事策划及组织来满足消费者观赏高水平竞技表演需求从而获得相关利益。围棋竞赛表演产业链涉及赛事运营、棋具制造、教育培训、场馆建设、围棋媒体、棋手经纪、衍生品开发销售、博彩、中介服务等业态。

围棋培训产业链以学员为服务对象，通过教学来满足消费者学习围棋、健脑益智、提升素质的需求，从而获得相关利益。围棋培训产业链由学员培训、师资培训、教具开发制造、教材研发出版、线上教育平台开发、场馆建设、管理系统开发、营销渠道代理、广告投放、AI 研发等业态构成。

围棋场馆建设与运营产业链以围棋场馆为管理对象，通过策划、建设、运营来满足消费者进行训练、比赛及观赛、看展及其他消费的需求，从而获得相关利益。围棋场馆建设与运营产业链涉及场馆建设、赛事服务、技能培训、活动策划、广告与会展服务、场馆无形资产开发、后勤管理等业态。

围棋衍生品产业链是通过制造、销售围棋衍生品或提供相关服务来满足消费者物质和精神需求，从而获得相关利益。围棋衍生品产业链包括创作或制造与围棋有关的主题电影、动漫、歌曲、字画、雕塑、综艺节目、文学出版物、舞台剧、游戏、IP 主题展览、特色餐饮以及特色旅游等业态。

四、发展围棋产业的意义

（一）拉动体育消费，促进经济发展

围棋产业具有发展潜力大、辐射范围广、关联程度高、带动作用强、资源消耗低、附加值高等特点。发展围棋产业不仅为围棋产业相关的广大消费者提供更丰富的消费产品和服务，也为产品生产者和服务提供者创造经济效益、取得经济收入提供了机会。此外，围棋产业的发展能够有效促进围棋与旅游、文化、教育、健康、养老等产业相融合发展，进而推动城市现代服务业及文化创意产业发展，增加就业与税收。

（二）促进全民素质和身心健康提升

通过围棋产业化，可以不断提高围棋的普及率和参与度，有利于培养顽强拼搏、勇攀高峰的精神品质，弘扬团结合作、公平竞争的社会风尚，树立民族自尊心、自信心和自豪感，增强爱国主义、集体主义观念。不断挖掘围棋在全民健身战略中的价值，还可以满足人民日益增长的体育、文化、教育、娱乐等方面的需求。

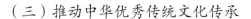

（三）推动中华优秀传统文化传承

习近平总书记多次提出，要坚定文化自信，推动中华文化走出去，并明确提出"要把中华优秀传统文化的精神标识提炼出来、展示出来，把优秀传统文化中具有当代价值、世界意义的文化精髓提炼出来、展示出来"。围棋蕴含了代表中国传统文化的儒道释的哲学思想，以围棋为载体，通过产业化为市场提供形式多样的产品和服务，有利于弘扬和传播中华优秀传统文化。

（四）丰富围棋外交内涵

围棋凝聚着深邃的东方智慧，具有强大的文化张力，是中华文化"走出去，请进来"、促进东西方文化交融、营造开放发展格局的重要媒介。同时，围棋运动不受国家、民族、语言的限制，不受年龄性别、文化程度、宗教信仰和价值观的限制，是一座无障碍交流的桥梁。

在国际正式外交场合，围棋发挥着积极的作用。20世纪五六十年代，陈毅元帅倡导并努力实践的中日"围棋外交"已传为佳话；近年来，围棋频频在大国外交的场合亮相，习近平主席访问韩国以及文在寅总统访华时，围棋被东道主当作国礼赠送给对方领导人。

第二节　围棋产业发展现状、挑战和机遇

一、国内围棋产业的发展状况

2014年10月，国务院印发《关于加快发展体育产业促进体育消费的若干意见》（国发〔2014〕46号）明确提出，到2025年打造5万亿体育市场规模的目标。在该意见指引下，体育产业进入快速发展期，2018年全国体育产业总规模（总产出）为26579亿元，增加值为10078亿元，体育产业增加值占国内生产总值的比重为1.1%。虽然成绩显著，但与国外发达国家体育产业动辄占GDP总量3%以上相比，差距仍然很大，同时还伴随着结构不够优化以及区域发展不够平衡的问题。从产业内部结构来看，体育服务业的增加值比重约为55.0%，这与发达国家80%以上的占比依然有不小差距。除竞技体育外，全民健身、体育产业、智能体育等领域，还有相当大的提升空间。

围棋产业作为体育产业的细分产业，同样存在上述问题。从围棋产业发展成果来看，当前阶段，中国围棋产业在青少年培训、品牌赛事运作、专业媒体、器材供应等方面取得了一定的成果，并且市场化趋势日益明显，呈现出良好发展态势，主要表现在以下几个方面：

（一）赛事发展迅速

国家放开赛事审批后，催生出一批职业赛事、业余赛事。据不完全统计，近年围棋领域涌现出中国女子围棋名人战、"天府杯"世界围棋职业锦标赛、城市围棋联赛等赛事。目前，已经形成了国际性赛事、全国性赛事以及地方性赛事互相结合的良好局面。具体表现为国际、国内各类围棋杯赛、围棋联赛的数量快速增加，赞助金额节节攀升，赞助商层次不断提高。

（二）围棋培训市场如火如荼

"学围棋、下围棋"在很多中小学生群体中已蔚然成风。据不完全统计，全国各地从事围棋培训的单位已经超过 1 万家，每年接收围棋培训青少年达到300 万人，专职教师超过 10 万人。若按照每名学员每月 600 元的培训学费计算，围棋培训年市场规模达 200 亿～250 亿元。

（三）专业媒体市场焕发新活力

随着围棋产业的发展，基于电视、网络、纸媒、移动终端为载体的围棋专业媒体的用户已经达到了一定规模，形成了固定的消费人群。据不完全统计，依托围棋的专业媒体（含新媒体）从业人员达到了数千人，商业价值达到数十亿元。

（四）器材生产供应蓬勃发展

在围棋产业市场快速发展的背景下，一系列围棋器材供应商也在市场竞争中蓬勃发展。部分围棋器材生产企业年营业收入从 2014 年以前的数百万元快速增长到数千万元，产品开始走出国门，远销欧美。围棋器材市场正在不断壮大。电子棋盘、便携式围棋等成为时尚新型围棋产品。

（五）"互联网 +"推动围棋发展

围棋运动和以"互联网 +"为代表的技术因素具有天然亲和性。与对场地条件高度依赖的篮球和足球相比，围棋运动更能有效利用"互联网 +"带来的技术变革，推动包括在线竞技、在线培训、线上直播等业务的蓬勃发展。

（六）围棋跨界融合加速发展

随着经济发展、人口结构、技术手段的变化，围棋产业正在呈现出融合发展的趋势。一方面，围棋产业链的各个环节与新技术、新模式融合；另一方面，围棋作为体育项目，与文化、科技、教育、旅游、建筑、健康、人工智能等多领域融合发展，"围棋 +"跨界发展成为新常态。以围棋场馆建设为例，全国多地政府大力推动大型围棋文化综合体建设，成为围棋与其他产业融合发展的代表。

二、围棋产业发展面临的挑战

（一）围棋人口规模仍比较小

2014 年 6 月份，中国棋院对围棋人口定义的标准包括以下几个方面：懂围棋且最近下过围棋、经常收看围棋节目、经常购买围棋书籍和杂志、拥有棋具、组织或赞助围棋比赛等围棋活动、知道很多古今高手的名字或对围棋史有一定了解。

根据中国棋院组织编写的《中国围棋年鉴》进行估算，2009 年中国围棋人口约 2500 万。近年来随着人工智能带来的人机大战的影响，围棋作为智力运动领域的皇冠，重新成为文化体育项目的关注焦点，围棋人口快速上升。据统计，我国现有围棋人口约 5000 万（数据来源于 2020 年 4 月 27 日《人民日报》），但相对于篮球、足球等项目，围棋人口基数仍然偏小。

（二）围棋产业总体规模较小，发展结构不合理

从围棋产业总体规模来看，发展最成熟的围棋培训年规模仅 250 亿。围棋产业链企业数量尚不足中国企业数量的 0.01%，且没有注册资金过亿元的企业，尚未形成集聚效应。运营企业总体仍呈"少、小、散"的特征。

从产业结构来看，围棋赛事组织与管理、围棋衍生品行业相对薄弱，上下游行业之间尚未形成良性循环，仍处于各自为战、一盘散沙的状态，围棋资源分散，没有形成合力。此外，围棋产业结构还呈现出发达地区产业相对发达、产业链相对完整，欠发达地区产业链完整性差和产业规模小的局面。

（三）围棋产业政策供给不足

我国体育产业发展总体起步较晚，关于体育产业方面的政策规划虽在加速发展，但仍处于相对初级的阶段，政策扶持是有选择性和方向性的。围棋作为体育中的小众项目和非奥项目，对比足球、篮球等项目，政府在其产业发展引导和扶持上整体力度不够，缺乏更多具有针对性的发展政策，且在不同地方具有明显差距。

（四）围棋产业人才缺乏

目前围棋产业领域从业人员数量远比其他运动产业要少。机构从业人员往往是由爱好者转变而来，缺少专门的从业人员培养体系，大部分从业人员并未受过专业训练，甚至是非专职人员。据统计，国内围棋教师的缺口达25万人以上。

三、围棋产业发展面临的机遇

（一）政策机遇

1.党的十九大报告及"五位一体"总体布局为围棋产业发展指明方向

党的十九大开启了中国特色社会主义建设的新时代，为体育事业带来了前所未有的发展机遇和广阔前景。党的十九大对我国当前社会主要矛盾已经发生变化的重要论断和"五位一体"总体布局不仅对围棋在国家建设方面发挥的作用提出了新要求，更为其产业化发展提供了理论指导和依据。

2.体育及围棋相关鼓励政策相继出台为围棋产业发展奠定基础

近年来，国家高度重视体育产业发展，先后出台《关于加快发展体育产业促进体育消费的若干意见》《体育强国建设纲要》《关于促进全民健身和体育消费推动体育产业高质量发展的意见》等政策文件。此外，围棋不仅重返全运会，更被2022年亚运会列为比赛项目；国家体育总局棋牌运动管理中心提出了"全国百城千县万乡全民棋牌推广工程"；浙江省出台的专项政策提到"着重打造围棋、象棋等国粹体育赛事"。值得肯定的是，2018年，国务院办公厅出台《关于加快发展体育竞赛表演产业的指导意见》文件，明确提到"大力发展围棋职业联赛，打造围棋具有民族特色的体育竞赛表演品牌项目"。

此外，新一轮体育深化改革大幕的开启，将为围棋产业带来发展新动能。2017年末，在中国围棋协会换届大会上，新任中国围棋协会主席林建超宣布中国围棋改革正式启动。未来中国围棋协会将从八个方面推动围棋改革，充分发挥围棋五大支柱功能（即竞技、大众化、市场化运作、文化和国际交流），使中国围棋重新回到世界围棋的中心。

3.“一带一路”倡议为围棋运动国际化发展提供机遇

向世界传播围棋文化，是传播中华文化、树立文化自信的重要途径。在“一带一路”沿线国家举办围棋运动赛事，有助于东西方文化交流，发挥文化和体育的桥梁纽带作用，更好地践行“一带一路”倡议。

4.围棋运动受到中央领导的高度重视

围棋历来受到党和国家领导人的重视。毛泽东主席曾以围棋术语比喻战争，邓小平、陈毅、胡锦涛等党和国家领导人也非常关心围棋事业。习近平总书记提出了“围棋包含着人生哲学和世界战略”的重要论断。2014 年，他在上海自由贸易试验区调研时曾谈到，谁走科技创新这步先手棋，谁就能占领先机、赢得优势。

（二）市场机遇

1.中国经济持续繁荣为围棋产业大发展提供了条件

改革开放 40 多年来，随着城乡居民收入不断增加和生活质量的改善，体育及文化消费需求日益增强，人们开始注重以围棋为代表的智力运动消费，并且有能力进行消费。围棋运动要不失时机，抓住全民健身、体育消费日益增长的机遇，通过快速发展来解决围棋产业领域发展不平衡、不充分的问题，满足市场的需求，推动围棋产业发展。

2.生活方式的变化为围棋产业发展提供了市场基础

今天，人类的生活方式正在发生深刻变化，人们对个人的基本素质提出了更高需求。围棋运动在促进人的全面发展方面的独特作用得到愈来愈普遍的认可和重视，这为围棋等智力运动项目的发展提供了良好的市场基础。此外，“AlphaGo”与李世石、柯洁的“人机大战”，造成了世界级影响，也为进一步推动围棋运动的发展提供了加速剂。

3.人工智能兴起催生围棋发展新趋势

以围棋 AI（如 AlphaGo、绝艺等）为代表的人工智能在围棋领域取得巨大突破，人们从开始的怀疑、惊讶再到后来的接受甚至学习，进一步将人工智能变为围棋产业发展的推动力。

为了积极响应市场和技术发展需求，中国围棋协会从棋迷需求、赛事需求、市场需求、协会需求出发，在国家大政方针的指引下，与专业技术公司合作，把人工智能技术应用到围棋领域，着手制定《中国人工智能围棋技术应用和产业发展规划纲要》，力求让人工智能技术成为围棋运动和行业改革新动能、围棋产业化新引擎。

2018 年南宁中国围棋大会期间，中国围棋协会策划的人工智能＋围棋产业应用成果展成为大会亮点，集中展示了人工智能作为围棋行业新动能对围棋产业升级的变革性推动作用，并归纳了人工智能在围棋领域四方面的 16 个应用方向，即：

围棋传播推广方面：智能棋手（对弈机器人）、智能棋具、智能解说、智能规则统一。

智能教学辅助方面：智能实战陪练、智能复盘分析、智能等级评定（智能考场）。

智能赛事方面：智能等级分、智能赛场、智能赛事管理系统、智能裁判。

智能行业管理方面：智能围棋活动组织程序与模式平台、中国围棋协会智能管理平台、中国围棋协会公共服务应用平台、智能围棋人口管理平台、智能围棋大数据开发与管理系统。

【复习思考题】

1. 简述发展围棋产业的意义。

2. 简述围棋产业构成。

3. 简述围棋产业环境。

第二章 围棋竞赛表演业

本章导读：

本章首先介绍了围棋竞赛的概念、特点，围棋竞赛的价值和意义，以及围棋竞赛的发展现状。其次，从赛事运营公司和赛事从业者的角度，分别介绍围棋赛事的经营和管理。最后，对围棋竞赛业的发展进行了展望。

学习目的：

1. 掌握围棋竞赛的概念、特点。
2. 理解围棋竞赛在围棋产业中的价值和意义。
3. 了解围棋竞赛的发展历史和现有主要赛事。
4. 初步了解围棋竞赛业的盈利模式。
5. 初步了解围棋竞赛的策划、组织方法。

第一节　围棋竞赛概述

一、围棋竞赛的概念

围棋竞赛又称围棋比赛，是指围棋对弈活动组织者为满足消费者围棋竞技和观赏需要，向市场提供的高水平、公正性、专业化围棋竞技和表演产品。围棋竞赛的概念也经历了逐渐完善的过程。

南北朝时已形成大部分围棋规则并产生了"棋品"的划分，"棋品"的出现意味着满足消费者竞技和观赏需要的围棋对弈活动开始走上舞台，围棋竞赛的概念开始萌芽。

唐宋时期对弈之风遍及全国，"棋待诏"制度开始实行，"国手"成为最早的职业围棋棋手，棋待诏的棋艺活动，不仅仅是陪侍皇帝下棋，还参加公开的棋会和比赛。如王积薪，曾在燕公张说家、太原尉陈九言"金谷"园，与好手对局，对社会产生很大影响。此时，围棋对弈活动开始面向市场。但早期的围棋竞赛主要是为贵族阶层服务，仅在小范围开展，且组织管理水平、产业化程度较低。

到了近代，随着经济、社会发展，在围棋大众化的基础上围棋赛事逐渐向规模化、产业化发展。围棋赛事得到了进一步发展，逐渐形成了完整的、系统的体系，围棋竞赛的构成要素已经成熟。

围棋竞赛具有以下三个特点：

第一，高水平。围棋竞赛的参赛者具有较高的围棋水平，竞赛活动具有较高的观赏价值，能帮助观众从中学习并提高自身水平。世界的高水平意味着世界顶尖，也代表着人类围棋运动的极限和最高水平；地区的高水平则代表着围棋运动在本地区的发展水平。

第二，公正性。围棋竞赛有统一、公平、公开的竞赛规则、比赛纪律和赛程安排，由专业裁判执裁，确保参赛人员在同样的条件下，充分发挥出自身实力。

第三，专业化。围棋竞赛由专业机构或人员组织实施，为围棋竞赛提供完善的条件、周到的服务、专业的管理，保证围棋竞赛活动的顺利完成和实施效果。

【围棋竞赛表演】

自古以来，便有人喜欢下棋，有人喜欢看棋，因此还产生了"观棋不语真君子"的俗语。到了现代，出现了主要满足人们观看比赛需求的"围棋竞赛表演"。围棋竞赛表演本质上还是围棋竞赛，有严谨的比赛办法和严密的比赛组织，比赛参与人员一般是围棋名人或高水平的棋手，能够引起人们对于比赛水平的预期和比赛结果的好奇。除了围棋竞赛本身成为一种表演之外，围棋竞赛表演活动往往还会安排丰富的配套活动，包括新闻发布会、开幕式、娱乐表演、现场讲棋、赛事直播、节目拍摄、颁奖仪式等。

现代顶级职业比赛一般都是围棋竞赛表演，是市场上最主要的围棋竞赛表演产品。同时，也有其他围棋竞赛表演产品不断面世，如2014年古力李世石十番棋、2015年发起的城市围棋联赛、2016年中央电视台主办和录播的"谁是棋王"民间围棋争霸赛、2016-2017年的人机大战等，都引起社会广泛关注，产生了很大影响。

二、围棋竞赛的作用和意义

（一）满足围棋爱好者观赛需求

随着经济的发展，人们的经济收入也随之增加，越来越多的社会大众参与到体育活动中来，大量围棋爱好者的观赛需求也日益旺盛。围棋爱好者观看围棋竞赛，主要是满足四个方面的消费需求：一是欣赏高水平棋手的竞技表演，享受自身无法实现的围棋运动之美；二是在与其他棋手的对抗中享受围棋运动乐趣；三是在观赛和对弈中受益，提高自身的竞技水平；四是与广大棋友聚集、交流，找到属于自己的圈子。

（二）推动围棋运动推广普及

围棋竞赛不仅直接吸引大量观众关注围棋，而且围棋竞赛中涌现的著名棋手，往往成为围棋运动普及推广最好的示范力量。20世纪80年代的中日围棋擂台赛，聂卫平在前四届的比赛中豪取11连胜，并帮助中国取得了胜利，大大提升了中国人民的民族自豪感和自信心，在中国掀起了学习围棋的热潮。当时受中日围棋擂台赛影响而爱上围棋的一批人，现在已成为各行各业的中流砥柱，他们成为围棋运动发展的参与者和支持者。2016年、2017年"阿尔法围棋"（以下简称"AlphaGo"）先后与李世石、柯洁的两次人机大战，吸引了全世界的目光，让围棋走进了世界各国无数人的生活。

（三）促使竞技水平不断提升

由于围棋竞赛的开展，大量棋手在比赛中相互切磋，争夺荣誉和奖励，从而形成你追我赶、不断超越的局面，推动围棋竞技水平的提升。比如中国围棋甲级联赛（以下简称"围甲联赛"）开展以后，中国的围棋竞技水平不断攀升，迅速超过日本，并引来韩国顶尖棋手加盟。中国围棋顶尖棋手柯洁便是在中国围甲联赛的赛场上成长起来的。现在各地蓬勃开展的青少年段级位赛、锦标赛等，也培育了一大批青少年围棋棋手，为中国竞技围棋夯实基础。

（四）提供围棋人口就业渠道

举办围棋竞赛，提供了大量的就业岗位。围棋竞赛主要涉及以下人员：一是参赛运动员。目前中国的围棋赛事较多，从世界性的职业比赛到地方性的业余比赛数不胜数，因此在围棋市场活跃着一批依靠参赛对局费、奖金生存的职业棋手和职业化的业余棋手。二是围棋裁判员。对大部分裁判员而言，担当裁判是业余爱好和兼职，但也有一批知名裁判，专业从事裁判工作。三是围棋活动组织人员。包括承担赛事组织、后勤接待、赞助招商等工作人员。四是围棋媒体从业人员。包括从事新闻报道、技术分析、围棋网络平台经营等专业人员。

三、围棋竞赛的发展现状

（一）围棋竞赛的发展历程

围棋竞赛最先在日本快速发展，日本每日新闻社于1939年创办的"本因坊战"是世界上第一个围棋竞赛项目，之后陆续出现了日本七大新闻围棋赛事。此外，由日本读卖新闻、日本棋院和关西棋院于1988年共同创办的富士通杯世界围棋锦标赛，是世界上最早举办的国际职业围棋比赛。该赛事由富士通、日本航空公司赞助，每年举行一次，直至2011年第24届后停办。

表2-1 日本七大新闻围棋赛事

序号	赛事名称	创办年份	创办单位	备注
1	本因坊战	1939	每日新闻	
2	王座战	1952	经济新闻	
3	十段战	1961	产经新闻	
4	名人战	1962	读卖新闻	1976年起由朝日新闻主办
5	天元战	1974	新闻三社联合	
6	碁圣战	1975	新闻围棋联盟	
7	棋圣战	1976	读卖新闻	

1984 年，由日本 NEC 公司赞助的中日围棋擂台赛拉开帷幕，以聂卫平领衔的中国棋手旋风般地横扫日本队，在中国掀起了空前的围棋热。1988 年，韩国曹薰铉九段在首届"应氏杯"决赛中战胜聂卫平九段，又在韩国掀起围棋热潮，随后李昌镐从 16 岁起不断地在世界大赛中夺冠，成为韩国围棋超级明星，使得围棋热经久不息。随着中国、韩国经济发展和围棋竞技水平的提升，中国、韩国的围棋赛事也蓬勃发展，并开始主办世界性围棋赛事。

中国台湾实业家应昌期于 1987 年创办"应氏杯"世界职业围棋锦标赛，是第一个世界职业围棋个人大赛，也是世界上第一个围棋世界杯。1998 年，中国围棋协会与江苏春兰集团共同创办"春兰杯"世界职业围棋锦标赛，是由中国内地出资主办的第一个世界职业围棋大赛。1999 年中国围棋甲级联赛创办，以其为核心和龙头，开始带动中国围棋市场和围棋产业的发展。

1996 年，韩国创办"LG 杯"世界围棋棋王战和"三星杯"世界围棋公开赛，也都是世界重要职业围棋赛事，一直举办至今。

目前，世界围棋依然以中国、日本、韩国为中心，中国和韩国水平已显著超越日本，中国、韩国国内的各种联赛、头衔战、杯赛已形成体系，主办的世界大赛数量和影响力也远远超过日本。1988 年，欧美也开始出现职业棋手并积极参与低级别的世界性围棋赛事。另外，泰国、马来西亚、印度尼西亚、新加坡等东南亚国家的围棋培训也持续开展，培育了一批围棋人口，围棋比赛也越来越多。

（二）围棋赛事的类别

围棋赛事众多并快速增长，依据赛事关键特征的不同，可将围棋赛事分为多种类型。

1.国际、全国及地方赛事

按照参赛对象覆盖的地域划分，围棋赛事可分为国际赛事、全国赛事与地方赛事。

国际赛事的参赛人员代表或来自不同国家，包括世界性、洲际或国与国之间的围棋赛事，具有规模大、等级高、奖金高的特点，并且往往涉及国家荣誉，因此最受关注。

全国赛事的参赛人员限定为本国棋手，代表地方、单位或个人参赛。在我国，以地方为参赛单位的赛事，多为体制内计划赛事，如全运会、智力运动会的围棋比赛等，级别较高受到了各省市体育局、棋牌管理中心、围棋协会的高度重视，无论职业棋手还是业余高手都积极参与。此外，还有市场化程度较高的商业性全国赛事，赛事在中国围棋协会的牵头组织下，由地方政府或企业支持举办。

地方赛事以业余比赛居多，参赛人员以本地棋手为主，部分赛事可引入少量外援。目前比较有代表性的地方赛事有地方业余联赛、青少年锦标赛、升级升段赛等，其中青少年比赛场次最多、规模最大，以上海为例，近年来每次段级位赛有 1.5 万人以上参赛，每年举办多次。

2. 职业赛事与业余赛事

经过长期发展，中国、日本、韩国都已形成了相对成熟的围棋职业制度，美国、欧洲的围棋职业制度也渐渐试行。围棋职业制度，即将棋手分为职业棋手和业余棋手，职业棋手通过每年举办的定段赛（日本、韩国称之为定段考试）或重要业余赛事从业余棋手中选拔产生。以中国为例，每年的定段赛要求参赛者为年龄 25 岁以下的业余棋手，参加比赛并取得前 20 名的男子棋手和前 10 名的女子棋手有资格成为职业棋手。此外，"晚报杯"、"陈毅杯"、中国围棋大会等赛事成绩优异者也有机会选择成为职业棋手。

在段位的区分上，用中文数字来描述职业段位，分为一至九段；用阿拉伯数字来描述业余段位，在中国业余段位最高的是 7 段，最低的是 1 段，而国际围棋联盟授予世界业余围棋锦标赛冠军业余 8 段，是世界最高业余段位。

职业制度的建立，形成了职业棋手参加职业赛事，非职业棋手参加业余赛事的局面。职业赛事的第一要素为竞技，具有竞争激烈、奖金高、受关注程度高、影响力大等特点，同步有网络棋谱直播或电视直播录播等媒体宣传工作。业余赛事与职业赛事相比，其职能更主要倾向于围棋的推广普及和交流，让更多的人参与和感受围棋，提高对围棋的认可度和感知度。

近些年我国顶尖业余赛事的竞技水平也越来越高，已具有或接近职业水平。这些业余赛事的冠军奖金大多在 3 万 –10 万元之间，吸引了大量高水平业余棋手参赛，其中不少全国业余豪强、地方高手已达到职业水平，但未选择成为职业棋手，还有一批冲段少年，都是各省市青少年棋手中的佼佼者，他们以成为职业棋手为目标，进行过长期系统化的训练，比赛专业程度也很高。

目前还出现了职业棋手和业余棋手共同参赛的赛事。

3.单项赛事和综合性赛事

按赛事内容的丰富程度，可分为单项赛事和综合性赛事。

单项赛事指全程只安排一项比赛、没有其他配套活动的赛事。传统赛事，特别是传统的职业赛事，一般都是单项赛事。单项赛事往往强调的是竞技的高水平、事件性，依靠其自身的重要性来获得媒体报道和社会关注。

综合性赛事出于对赛事观赏性、参与性的考虑，内容更丰富，集文化、竞技、教育、娱乐于一体设置多项比赛或配套活动，不再是单纯的竞技比赛。

4.围棋赛事的其他划分

除上述划分外，围棋赛事还有其他划分方法，例如根据赛事职能属性，将赛事划分为竞技赛事与推广普及赛事；根据同一计分单位参与人数的多寡分为个人赛和团体赛；根据赛制不同，将赛事分为杯赛与联赛。

（三）目前部分代表性围棋赛事

1.部分代表性国际围棋赛事

国际围棋赛事首先从业余围棋赛事兴起，但世界围棋赛事的大量涌现是在20世纪七八十年代以后。1988年创办的"富士通杯"世界职业围棋锦标赛，成为世界上最早举办的国际职业围棋比赛。几十年来，涌现了众多国际围棋赛事，其中部分赛事因各种原因已停办。以下简单介绍目前仍在举办的部分代表性国际围棋赛事。

（1）世界业余围棋锦标赛

自1979年开始举办，每年举行一届（2003年因"非典"停办）。前5届比赛的主办方是日本棋院，从1984年第6届起由国际围棋联盟主办，中日韩等国家和地区轮流承办。每个国家和地区可以推选一名代表，基本为国内冠军代表，一般每年有近70个国家报名参赛。该项赛事虽然无任何奖金，但作为参赛国最多的比赛，以及冠军被授予"世界业余冠军"称号与"业余8段"等众多奖励，因此参与选手水平很高，被认为是最高等级的世界业余围棋比赛。

（2）"应氏杯"世界职业围棋锦标赛

由应昌期围棋教育基金会于1987年创办，简称"应氏杯"，截至2019年已举办八届。筹办之初，应昌期即将其定义成"围棋奥运会"，效法奥林匹克运动会，每四年一届，选手代表所属国家参赛，冠军奖金40万美元，亚军奖金10万美元，是当今世界奖金最高的职业围棋赛。首届参赛选手16名，第二届至第七届参赛选手增至24名，第八届参赛选手增至30名。"应氏杯"赛制为单败淘汰制，比赛使用与中国规则、日本规则均有不同的"应氏计点制围棋规则"，简称"计点制"或"应氏规则"。在应氏杯的正式比赛中，还要求使用有固定棋子数目的棋具对局，以准确地按照应氏规则完成对局后的胜负计算。

（3）"三星杯"世界围棋公开赛

由韩国《中央日报》、韩国放送公社、韩国棋院主办，韩国三星火灾海上保险株式会社赞助，创办于1996年，简称"三星杯"，至2019年，共举办23届。原称"三星火灾杯"，2007年改称"三星保险杯"，2009年又改称"三星财产杯世界围棋大师赛"，后又改称"三星车险杯世界围棋大师赛"。每届总奖金为8亿韩元，其中冠军3亿韩元，亚军7000万韩元。

"三星杯"为首个推行预选赛的世界围棋大赛，同时允许业余棋手参加预选赛。参加本赛的棋手总计有32人，其中包含上届比赛四强及由主办方分配给各国（中国、日本、韩国、中国台湾、欧美）的种子选手名额，其余的名额由预选赛产生。比赛采用日韩规则，黑方贴目6目半，每方用时原为3小时，从第十届开始改为每方用时2小时，保留5次1分钟读秒。

（4）"春兰杯"世界职业围棋锦标赛

由中国围棋协会主办，春兰集团赞助，创办于1998年，简称"春兰杯"，是中国内地出资主办的第一项世界职业围棋大赛。创办初期每年举办一届，自2000年以后每两年举办一届，截至2019年已举办了12届。每届比赛冠军奖金为15万美元，亚军奖金为5万美元。每届均为24名职业棋手参赛，前四轮采用单败淘汰制，决赛采用三番棋决出冠亚军，同时进行三四名比赛，一局定胜负。采用最新的中国围棋竞赛规则，黑方贴目7目半，每方用时3小时，保留5次1分钟读秒。

（5）"农心杯"世界围棋团体锦标赛

由韩国日刊体育社主办，农心集团赞助，又称"农心辛拉面杯三国围棋擂台赛"，或"农心辛拉面杯世界围棋最强战"，简称"农心杯"，是世界上水平最高的围棋团体赛。"农心杯"于1998年开始组织运作，首届比赛自1999

年开始，每年一届，每届跨年度分三个阶段举行。每届由中国、日本和韩国各派出 5 名棋手，采用擂台赛的方式，三国棋手轮番上阵，最后留在擂台上的队伍获得冠军。在前 20 届比赛中，中国队获得 7 次冠军，日本队获得 1 次冠军，韩国队获得 12 次冠军。

（6）"百灵杯"世界围棋公开赛

由中国围棋协会主办，贵州百灵集团赞助，简称"百灵杯"。首届比赛于 2012 年举行，每年一届，截至 2019 年已举办 4 届，是继"春兰杯"后第二个由中国内地出资主办的世界职业围棋大赛。"百灵杯"冠军奖金为人民币 180 万元，亚军奖金为人民币 60 万元。

"百灵杯"采用了"公开赛"赛制，国际、国内的棋手均可报名参赛。比赛分为五个阶段，第一阶段为国内业余组网络预选赛；第二阶段为综合预选赛和本赛 64 强赛，采用单败淘汰制；第三阶段为本赛 32 强战至 4 强，采用单败淘汰制；第四阶段半决赛采用三番棋，决出 2 人进入决赛；第五阶段决赛采用五番棋，决出冠亚军。本赛每轮抽签，前两轮抽签采用混抽制，从第三轮（16 强）开始，再次抽签以同一国家或地区棋手回避为原则。比赛采用最新的中国围棋竞赛规则，用时为每方 2 小时 45 分钟，保留 5 次 1 分钟读秒。

（7）城市围棋联赛

由中国围棋协会指导，华智体育产业股份公司主办，简称"城围联"，是世界上首个采取市场化运作、具有自主品牌的大型围棋联赛。城围联创办于 2015 年，每年举办一届，首届 18 支城市俱乐部参赛，第二届 24 支城市俱乐部参赛，从第三届开始 32 支城市俱乐部参赛。2021 赛季的参赛俱乐部来自北京、上海、广州、深圳、南宁、澳门、台北、悉尼、大阪、曼谷、多伦多、洛杉矶、新加坡、巴黎、约翰内斯堡、吉隆坡等五大洲 12 个国家的 32 个城市。32 支围棋俱乐部的 380 余名高水平棋手参加。。

城围联独创"围棋接力赛"赛制，以俱乐部为单位进行团体比赛。将一局棋分为 1-60、61-141、142- 终局三个阶段，每个阶段须派不同棋手上场比赛，另每支俱乐部每局比赛拥有 3 次技术性换人和 3 次技术性暂停权利，整支队伍在教练的指挥下进行集体研讨和部署。每支俱乐部的上场人员中，必须有本土棋手、业余棋手、女棋手各 1 名（同一名棋手可用于担当以上多种角色）。

城围联每赛季分常规赛和季后赛，常规赛为小组循环赛，季后赛为淘汰赛，采取"赛会＋主客场"的方式安排赛事，整个赛季持续时间约8个月。"城围联"在赛事期间穿插啦啦队助威与文艺表演，在正式比赛之外还开展名家讲棋、棋迷赛事、企业家赛事、围棋文化论坛、指导棋、名家签售、公益活动、产品集市等十余项配套活动，其颁奖仪式也被誉为围棋界的"奥斯卡"。城围联颠覆了传统围棋赛事的表现形式，成为嘉年华赛事的代表。

此外，还有由韩国《朝鲜日报》主办，LG集团赞助的"LG杯"世界棋王战、由中国棋院和姜堰市人民政府主办的世界上水平最高的女子围棋团体赛"姜堰黄龙士杯"世界女子围棋团体赛以及由国际围棋联盟主办、中国围棋协会承办的"MLILY梦百合杯"世界围棋公开赛等。

2.部分代表性全国围棋赛事

正如陈毅元帅所说的"国运盛，棋运盛"，近年来随着中国经济实力的不断增强，在赛事举办方面已经取代日本，成为举办数量最多的国家，而且各级赛事越来越多。近几十年来，中国围棋一直居于世界领先地位，人才辈出，与联赛、杯赛、全国锦标赛、定段升段赛、青少年段级位赛等各级各类围棋赛事的大量开展密不可分。特别是竞争激烈的围棋俱乐部赛事，为棋手的发展提供了更多平台与机会。以下简单介绍中国最重要的几项全国性围棋赛事。

（1）中国围棋甲级联赛

目前,中国最具影响力的全国赛事是中国围棋甲级联赛(简称"围甲联赛")，由中国围棋协会于1999年创办，各地围棋俱乐部参加，至2022年已举办24届。围甲联赛代表了目前世界围棋竞技的最高水平，不仅所有等级分靠前的中国职业棋手都会代表各个俱乐部参赛，还有不少韩国、日本顶尖高手以外援的身份加入各个俱乐部参赛。经过将近20年的发展，围甲联赛成为衡量棋手是否是一线棋手的最好标尺，能够参加围甲联赛成了棋手的荣耀和实力被棋界认可的标志。

围甲联赛每场比赛设4台棋，包括3台慢棋和1台快棋，并采用主将制，每场比赛双方主将相遇。比赛每场胜一局得2分，负一局得0分。局分高者场分记3分，局分少者得0分，局分相同时，则主将胜方场分得2分；负方得1分。名次计算办法为：场分多者名次列前，场分相同比较局分，局分相同比较主将胜率，再相同则比较各队第一胜率（出场 15 场以上者）高者名次列前，依次比较直至比出名次。2019 年，围甲联赛进行赛制改革，将沿用了 20 年的双循环赛制变更为单循环 + 季后赛的方式，并将联赛队伍扩军至 16 支。

日渐火热的围甲联赛带动中国围棋乙级联赛、中国围棋丙级联赛（这两项赛事加上女子团体赛构成全国围棋团体锦标赛）等次级赛事，形成了升降级的模式。围甲联赛最后两名降入围乙联赛，围乙联赛前两名升入围甲联赛。围乙联赛的竞争同样十分激烈，也吸引了众多韩国、日本外援的加盟，甚至日本棋院、中国台北海峰棋院、中国台湾棋院都抱着学习的态度参赛，以锻炼棋手。

（2）中国女子围棋甲级联赛

由中国围棋协会主办，中信置业有限公司赞助，简称"女子围甲"，是国内女子水平最高的围棋团体赛。女子围甲于 2012 年开始组织运作，2013 年举办首届比赛，每年一届。第一、二届参赛队伍为 8 支，往后每届为 10 支，以省或城市命名 + 企业冠名组成，每队 3 名女棋手，比赛采用双循环制，分 4 个阶段在不同地区进行，采用赛会和主客场兼有的形式，共 18 轮。截至 2022 年中国女子围棋甲级联赛共举办了 10 届，其中江苏队获得了 9 次冠军。。

（3）中国围棋天元战

由中国围棋协会、中国棋院、新民晚报社、吴江区同里镇人民政府主办，创办于 1987 年，每年一届，至 2022 年已举办 36 届，是中国的一项传统围棋头衔赛。比赛分为网络预选赛、本选赛、本赛、挑战赛等阶段。2022 年规则为：网络预选赛参加者为等级分排名第 40 位以后的职业棋手，采取单淘汰制，轮次视报名人数而定，录取 8 人进入本选赛。

本选赛共计 32 名棋手，包括除种子棋手外根据等级分顺序取 23 人，国家围棋队推荐 1 名女棋手，2021 年全国个人锦标赛男子组前三名、女子组第一名，2021 年全国围棋升段赛四个组别冠军（个人锦标赛、升段赛八名棋手中如有与直接进入本赛、本选赛重复者，按照个人锦标赛男子组名次优先递补）。本选赛进行一轮淘汰赛选出 16 名棋手进入本赛。

本赛由 16 名种子棋手及本选赛出线的 16 名棋手，共 32 名棋手进行淘汰赛，最终产生 1 名优胜棋手。种子选手产生办法为：上届前四名、上年世界比赛的冠、亚军及国内各大赛的冠军，不足名额按等级分顺序补足 16 名。

挑战赛由本赛获得优胜的棋手向上届冠军发起挑战，获胜者为本届冠军，负者获得亚军。挑战赛赛制从第二届起采用5局3胜制，到了2002年后更改为3局2胜制。

（4）中国围棋名人战

由人民日报社和中国围棋协会主办，创办于1988年，每年一届，至2019年已举办32届，是中国历史悠久的一项传统围棋赛事之一，也是目前中国围棋赛事体系中唯一构成完整体系的头衔战。

比赛原分为预选赛、本赛、挑战赛三个阶段。2019年进行改革，改为本赛、挑战赛两个阶段。2019年最新规则为：

本赛由32名职业棋手进行五轮淘汰赛，产生挑战者。参赛的职业棋手为中国最新等级分前24名棋手，2018年全国个人锦标赛男子组前三名、女子组第一名，2018年全国升段赛四个组别冠军。棋手等级分排位以2019年3月31日截止为依据，等级分靠前者因故不能参加的其名额依次往下替补。个人锦标赛、升段赛八名棋手中如有重复者，按照个人锦标赛男子组名次替补。

挑战赛由挑战者与上届冠军进行三局两胜制的比赛，获胜者为本届的新晋冠军，负者获得亚军。

（5）"倡棋杯"中国职业围棋锦标赛

由中国围棋协会和上海应昌期围棋教育基金会联合主办，简称"倡棋杯"。创立于2004年，每年一届，固定于应昌期先生的诞辰10月23日开赛，以纪念其为围棋运动做出的卓越贡献。至2021年，已举办17届比赛。比赛分预选赛（录取16人进入复赛）、复赛（录取8人进入本赛）、本赛（8人采用单淘汰制进行，半决赛和决赛为三番棋）三个阶段，约150人参赛。

（6）"阿含桐山杯"中国围棋快棋公开赛

由中国国际友好联络会和中国棋院共同主办，中央电视台协办，日本佛教团体阿含宗独家赞助，简称"阿含桐山杯"。2000年开始举办，每年一届，比赛分网络选拔、预选赛、本选赛和本赛四个阶段，冠军棋手代表中国参加与日本"阿含桐山杯"冠军的对抗赛。

（7）"威孚房开杯"中国围棋棋王争霸赛

由中国围棋协会、无锡市人民政府主办，无锡威孚房屋开发有限公司赞助，简称"威孚房开杯"。2003 年开始举办，每年举办一届。比赛按预赛、本赛两个阶段进行。

（7）"钻石杯"中国龙星战

由中国围棋协会主办，日本 SCJ 株式会社协办，简称"龙星战"。2008 年举办第一届，2010 年举办第二届，之后每年一届。比赛按年龄段分为五组，分别是 20 岁以下组、20 岁至 30 岁组、30 岁至 40 岁组、40 岁以上组、女子组，分为预选赛、本赛、半决赛、决赛四个阶段。每年约有 150 人参加，22 人进入本赛，分为 A、B 两组，每组 11 人，由每组最下一名逐级向上挑战，每组最多胜与获得最后一胜者进入半决赛，交叉对决。

（8）全国围棋锦标赛（个人）

由国家体育总局棋牌运动管理中心和中国围棋协会主办，自 1957 年开始举办，每年一届，1978 年开始设立女子组比赛。采用积分编排制，男子组赛 13 轮，女子组赛 9 轮。每年约有 180 名棋手参加，多为二线职业棋手。

3. 人工智能围棋大赛

1970 年，第一款可与人对弈的围棋程序 Zobrist 问世，但由于围棋的计算量极其庞大，围棋人工智能的发展进度缓慢。同为智力运动的国际象棋在 20 世纪 90 年代就被计算机征服，而 2015 年之前，世界最强的围棋程序仅达到业余棋手的中等水平，约为业余 2 段。

2015-2016 年间，围棋人工智能的开发取得了突破性进展。Google 公司旗下 DeepMind 团队开发出阿尔法围棋（AlphaGo），运用神经网络、深度学习、蒙特卡洛树搜索法等新技术，使其围棋实力有了实质性飞跃，成为第一个击败人类职业围棋选手、第一个战胜围棋世界冠军的人工智能，引起世界瞩目，并带动一批围棋人工智能的崛起和围棋在世界范围内的大传播。有意思的是，除了人机大战，为了追求更高的竞技水平，近年来出现了人工智能之间的赛事，而且一开始便是世界级大赛。

（1）人机大战

2016 年 1 月 27 日，国际顶尖期刊《自然》封面文章报道，谷歌旗下 DeepMind 团队研究开发的名为"阿尔法围棋"（AlphaGo）的人工智能机器人，在无任何让子的情况下，以 5∶0 完胜欧洲围棋冠军、职业二段樊麾。计算机程序在不让子的情况下、在完整的围棋竞技中击败职业棋手，在围棋人工智能领域，实现了史无前例的突破。

随后，DeepMind 公司开出 100 万美元的奖金，向韩国的世界围棋冠军李世石发出挑战。2016 年 3 月 9 日至 15 日，阿尔法围棋和李世石的围棋人机大战五番棋在韩国首尔举行，比赛采用中国围棋规则，最终阿尔法围棋以 4 比 1 的总比分取得了胜利。这标志着围棋人工智能程序拥有了击败世界顶尖棋手的能力。

2016 年 12 月 29 日晚至 2017 年 1 月 4 日晚，阿尔法围棋在弈城围棋网和野狐围棋网以"Master"为注册名，依次对战数十位人类顶尖围棋高手，取得 60 胜 0 负的辉煌战绩。

2017 年 5 月 23 日至 27 日，在中国乌镇围棋峰会上，阿尔法围棋（AlphaGo Master）以 3 比 0 的总比分战胜排名世界第一的世界围棋冠军柯洁。在这次围棋峰会期间的 2017 年 5 月 26 日，阿尔法围棋还战胜了由陈耀烨、唐韦星、周睿羊、时越、芈昱廷五位世界冠军组成的围棋团队。本次人机大战，正式标志着人类棋手被人工智能彻底超越，不过 DeepMind 公司随后宣布阿尔法围棋将不再参加围棋比赛。

然而围棋人工智能的进化之路依然在继续。2017 年 1 月，DeepMind 公司在德国慕尼黑 DLD（数字、生活、设计）创新大会上宣布推出真正 2.0 版本的阿尔法围棋，其特点摒弃了人类棋谱，只靠深度学习的方式成长起来挑战围棋的极限，而此前的版本结合了数百万张人类围棋专家的棋谱，通过强化学习进行了自我训练。2017 年 10 月 18 日，DeepMind 公司公布了最强版阿尔法围棋，代号 AlphaGo Zero。经过短短 3 天的自我训练，AlphaGo Zero 就强势打败了此前战胜李世石的旧版 AlphaGo，战绩是 100：0。经过 40 天的自我训练，AlphaGo Zero 又打败了战胜柯洁的 AlphaGo Master 版本。

（2）"UEC 杯"计算机围棋大赛

由日本举办，简称"UEC 杯"，是最具传统和权威的计算机围棋大赛。2008 年举办第一届，以后每年一届，邀请各国高水平 AI 齐聚东京比赛。中国腾讯绝艺、日本的 DeepZenGo、法国的"疯石"（Crazy Stone）、美国 Facebook 公司的"黑暗森林"（Dark Forest）等世界著名计算机围棋程序先后在"UEC 杯"折桂获奖。2017 年第十届"UEC 杯"共有 30 款软件参赛。此后该赛事停办。

（3）世界人工智能围棋公开赛

由中国围棋协会主办，国际围棋联盟事务局运作，冠军授予由国际围棋联盟颁发的"智能围棋世界冠军"荣誉称号。2017年开始，在中国围棋大会期间举办，每年一届。比赛分为预赛、本赛、半决赛、决赛四个阶段。每年约有十几支队伍参赛，在以往3届比赛中，中国绝艺获得2次冠军。

案例2-1：城市围棋联赛

城市围棋联赛是在中国体育改革、全民健身和文化体育产业发展大背景下，由华智体育产业股份公司发起及运营的世界上首个采取市场化运作、具有自主品牌的大型围棋赛事。

城市围棋联赛采用"赛事联盟＋运营公司"的市场化运营模式。

来自全球32个城市的参赛俱乐部共同组成"城市围棋联盟"，32支俱乐部各自派代表参与成员代表大会，共同商议联赛赛制、规程、裁判规范、场地和器材标准、纪律等竞赛制度，享有联赛重大事项的决策权。成员代表大会的日常管理机构为理事会，理事会下设赛事委员会、仲裁委员会、秘书处等部门。

参赛俱乐部的投资方共同出资成立"华智体育产业股份公司"，从事以围棋为主的智力运动产业化研究、投资和运营。业务包括城市围棋联赛运营、智力运动赛事策划及组织、体育文化综合体开发运营、智力运动教育培训、互联网产品开发、文化创意、衍生产品开发等。

城市围棋联赛首创"围棋接力赛"赛制，并采取了开放赛场，配套娱乐表演、讲棋、棋迷赛事、论坛、公益活动、产品集市等各类嘉年华活动，推进围棋赛事的娱乐化、大众化，迅速树立赛事品牌。

城市围棋联赛每年举办一个赛季，分为常规赛和季后赛两个阶段，常规赛分为4个分区，进行区内循环赛，分区四强进入季后赛进行淘汰赛直至决出冠亚军。每个赛季由华智体育产业股份公司举办3次赛会，其余由俱乐部举办主客场比赛。举办赛会时，华智体育产业股份公司会同举办地政府和体育主管部门领导、赞助商等共同组成组委会，下设综合组、竞赛组、宣传组、现场组、市场组等，分工协作完成赛事组织各项工作。华智体育产业股份公司制订了俱乐部主客场办赛标准，各俱乐部按标准落实，对于办赛能力不足的俱乐部，华智体育产业股份公司派出赛事专员予以协助。

经过 5 个赛季的运作，城市围棋联赛已经成为世界上覆盖区域最广、参与人数最多、竞技水平最高、互动参与性最好的围棋联赛，2016 年、2019 年和2021 年三次荣获国家体育总局颁发的"中国体育旅游精品赛事"称号，华智体育产业股份公司先后获得"全国体育产业示范单位""全国群众体育先进单位"等荣誉称号。

第二节　围棋竞赛的经营管理

围棋竞赛在满足围棋爱好者消费需求的同时，直接带动会展、传播、旅游、交通、食宿、零售等赛事经济和终端消费，具备一定的商业价值，特别是顶级水平的围棋竞赛表演，具有巨大的商业价值。以围棋竞赛组织为核心而开展的一系列经济活动，可称之为"围棋竞赛业"。

一、围棋竞赛的经营管理主体

围棋竞赛的经营管理主体是指担负了一定的围棋竞赛经营管理任务的组织、群体和个人。当前，我国围棋竞赛的经营管理主体主要是政府机关、社会组织、企事业单位和个人。

（一）政府机关

围棋是中华优秀传统文化项目，围棋的传承和普及历来受到各级政府的重视和支持。围棋也是适用于不同年龄、性别的体育休闲娱乐项目，对于丰富人们业余生活、提高生活品质具有很高价值。因此，主管体育、文化、宣传等政府机关是围棋竞赛的重要经营管理主体。

首先，政府机关是围棋竞赛发展战略、规划、政策、标准等的制定者，具有为围棋竞赛提供公共服务、营造市场环境、加强监督管理的职能。其次，政府机关还是众多围棋赛事的发起者。许多地方政府通过与中国围棋协会等围棋机构合作，创办固定在本地举行的围棋赛事，推广围棋运动、传播围棋文化，利用赛事的影响力提升本地的知名度和美誉度。最后，政府机关还是围棋赛事的重要采购者，通过政府购买的方式，为围棋赛事提供部分资金支持。

（二）社会组织

从事围棋竞赛经营管理的社会组织主要是围棋社团、围棋民办非企业单位、围棋基金会等。中国围棋协会和地方各级围棋协会是中国最主要的围棋竞赛经营管理主体。中国围棋协会于1962年成立，是经国家体育总局审查同意、民政部登记的唯一的全国性围棋社会团体。依据《体育法》的明确规定，受国家体育总局委托，中国围棋协会作为国家单项体育协会，"负责组织指导全国围棋运动的开展"，"管理全国围棋运动的普及与提高工作，代表中国参加国际围棋组织"。其职能还包括研究制定发展计划、竞赛训练规定以及全年竞赛规程和规则；制订管理全国围棋法规；审批职业棋手、业余棋手及裁判员的技术等级；选拔和推荐国家队队员及集训队运动员、教练员等。

各省市成立了地方围棋协会，作为地方围棋主管单位，是本地赛事的主要执行者，负责本地重要围棋赛事、青少年定级定段赛、锦标赛、精英赛等赛事的组织，并负责本地裁判队伍的组建和培训。各地的其他围棋协会（如企业家围棋协会）、围棋俱乐部等也是积极的围棋竞赛经营管理者。

（三）企事业单位

围棋赛事公司是围棋竞赛最主要的经营管理主体。但目前专业从事围棋赛事策划组织并依托赛事开展相关经营的围棋赛事公司数量并不多。目前，更多的围棋赛事公司只是将围棋赛事经营作为品牌宣传的一种手段，而不是公司的主要业务。着力扶持、发展一批围棋赛事专业化公司，形成一批有自主品牌、创新能力和竞争实力的骨干企业，是围棋竞赛业快速发展的关键。

中介公司将成为促进围棋竞赛市场化发展的重要力量。围棋竞赛中介公司的业务包括运动员经纪代理、赛事产品营销、赛事咨询、广告和保险等。目前围棋中介公司较少。

社会体育运动发展中心、青少年活动中心、学校等事业单位也广泛举办各类围棋比赛。规模较大的比赛，一般采取购买服务、租赁场地、聘请裁判等方式开展。

（四）个人

出于对围棋的热爱，很多企业家个人出资举办围棋赛事，有的还开设围棋会所，供棋友开展围棋交流。这类企业家全国各地非常多，是各地成人围棋赛事的重要支持者。

二、围棋竞赛的经营

（一）获取商业赞助

商业赞助是赞助商为取得赛事名称权益、媒介资源、公关权益等而为赛事提供的资金、实物、服务等各类支持。商业赞助是围棋赛事的主要收入来源，世界性围棋赛事和全国性围棋赛事一般都是由赞助商出资举办。

商业赞助有多种划分方法，常见的是依据赞助的类型和金额，划分为合作伙伴、赞助商以及供应商，并据此赋予不同的权益回报和礼遇。常见的回报权益的类别有：

名称权益：赛事冠名权，即以企业或产品名称冠名赛事，通常的表现形式为"XX杯"围棋赛；赞助名义权，即赞助商可以以赛事赞助商、赛事指定产品或服务等名义对外进行自我推介。

广告宣传权益：在电视、报纸、电台、网络等各类赛事宣传中传播赞助商信息，在背景板、秩序册、引导牌、宣传海报等各类赛事物料上露出企业或产品名称；在赛事现场发放赞助商宣传资料或播放宣传片，在开幕式或颁奖仪式上由主持人口播赞助商信息等；在赛事活动过程中安排产品推介会、论坛、企业参观等活动。

其他权益：包括获得主办方协调聘请赛事明星担任形象代言人的权利、社会名流或参赛的知名棋手会谈、互动、用餐等权益，及在赛事仪式上安排致辞、颁奖等。

赞助商的目的包括扩大企业品牌影响，拓展企业公共关系，建设产品销售渠道等。围棋竞赛经营者应了解赞助商的发展战略、产品定位、营销目标等，找到赞助商和赛事之间的契合点，从赞助商的利益出发，强调赞助商的投资回报，根据赞助商的不同赞助需求，通过谈判和策划确定赞助费用和具体回报权益。

（二）争取政府资金支持

政府是围棋竞赛的重要经营管理主体，也是围棋赛事资金的重要提供者。为履行好政府的文化、体育发展职能，各级政府都有一定的赛事经费预算。围棋赛事的组织费用总体相对较低，而围棋赛事的规格、品位又较高，因此特别受地方政府欢迎，围棋竞赛经营者可向地方政府申请给予专项赛事经费支持。

近年来，我国特别重视发展体育竞赛业中的体育竞赛表演业。2018年12月21日，国务院办公厅发布了《国务院办公厅关于加快发展体育竞赛表演产业的指导意见》，提出要积极推进体育竞赛表演产业专业化、品牌化、融合化发展，培育壮大市场主体，加快产业转型升级，并鼓励有条件的地方通过体育产业引导资金等渠道对体育竞赛表演产业予以必要支持。据此，很多地方政府设置专项预算，用于鼓励体育竞赛表演业的开展，主要包括重大赛事奖励、体育产业引导资金等。围棋竞赛经营者可与地方政府合作，通过原创或引入的方式向其提供围棋赛事产品。

为争取政府资金支持，在实施层面，围棋竞赛经营者首先应通过政府各部门的网站，掌握政府的有关产业政策和扶持政策，了解政府对扶持对象的界定以及企业申请所需的条件、材料和程序等政策信息。在了解有关政策且企业基本条件满足的情况下，按照规定的程序提交申请材料申报，政府对按照要求发放的资金严格管理，专款专用。

（三）收取赛事服务费

赛事服务费是指根据赛事中提供的服务，向参赛人员依法合理地收取的相应费用。赛事组织需要投入人力、场地、物料、设备、宣传等各类资源，为筹措办赛资金，围棋竞赛经营者可向参赛人员收取一定的费用，作为其享受赛事服务的资费。此类服务费的收取，一般适用于青少年围棋赛或业余围棋赛，高规格、高水平的职业围棋比赛一般不收取服务费。

更为常见的围棋赛事服务费是针对参赛过程中的食宿、交通服务。在这类赛事中，食宿、交通费用由参赛人员自理，但为了保障赛事组织效果，由围棋竞赛经营者统一安排，并向参赛人员收取一定的费用。

很多围棋赛事选择在景区举行，欧洲围棋大会、"炎黄杯"等众多围棋赛事经常更换举办国或举办地，这些赛事在举办期间通常会安排旅游项目，因此，收取旅游费用也成为其取得经营收入的一种重要方式。

（四）销售围棋衍生品

围棋衍生品是结合围棋元素设计制作的围棋用品、纪念品和各类创意产品，如棋具、书籍、扇子、衣服、帽子、水杯、毛绒公仔、白酒、茶叶等。销售衍生品是体育赛事的重要盈利模式之一，如NBA作为一项商业运作最成功的体育赛事，品牌授权和衍生品销售为其贡献了超过20%的收入。

目前，围棋衍生品在赛事收入中只占很小的比例。但衍生品市场潜力较大，随着经济的发展和物质生活水平的提高，人们对精神文化需求亦日益增长，好的围棋赛事IP、更具创意和设计感的新产品必然会大幅拉动相关衍生品的高速发展。

（五）销售赛事门票

门票是向观众收取的观看赛事的服务费用。通过直销或分销门票盈利，是众多体育比赛中最常见的经营内容之一。篮球、足球、网球、羽毛球、乒乓球等球类运动的关注群体较大、观赏性强，商业运作较为成熟，观众花钱购买门票比较踊跃。

但围棋竞赛的观赏性不足，未形成消费意识。因此，目前的围棋赛事普遍难以实现门票收入。未来，上述现状会随着围棋赛事观赏性和互动性的提升而有所改善，中国围棋大会等部分围棋赛事已经开始尝试向观众收取少量的门票费用。

（六）销售赛事转播权

赛事转播权是体育赛事重要收入来源之一，具体是指进行体育比赛、体育表演时允许电视或网络等媒体现场直播、转播、录播，经营者由此获得报酬的权利。

目前世界上围棋赛事转播最发达的国家是韩国，有多家专业的收费围棋电视台，他们对韩国大小赛事进行全天24小时的节目播出。韩国围棋电视台设施齐全，比赛时数台摄像机全方位拍摄，并开发出先进的围棋直播软件，现场感、科技感十足，他们甚至直接参与赛事组织，赛场布置和安排，使其更适于赛事转播。围棋电视台的努力培育了韩国大众对围棋的关注，进而打开了围棋竞赛的赛事转播权市场。

在我国，由于赛事转播权刚刚开放，未形成有效的供求市场，围棋赛事目前难以实现转播权销售。随着网络时代的到来，新媒体开始介入体育赛事转播，这或将有助于围棋赛事转播权销售的实现。

三、围棋竞赛的管理

（一）围棋赛事策划

围棋赛事的策划是一项涉及面广、环节复杂的工作，大体可以分为赛事规则选择、赛程设计以及竞赛规程编制。

1. 规则选择

围棋规则主要是指围棋的基本下法和胜负计算办法。围棋的基本规则可以分为三类，即中国围棋规则（2002 年版本为最新版）、日本围棋规则和应氏围棋规则。三类规则最大的不同在于对围棋胜负的判断运用了不同的方法，中国围棋规则采用的是数子法；日本围棋规则沿用了中国古代围棋规则，采用的是数目法；应氏围棋规则采用的是计点法。

在基本规则的基础上，围棋人开发了各种各样的比赛办法，其中常见的有：

——闪电战：超短的用时，如双方各 10 分钟包干（即不加秒，用完即算超时）。

——九路棋：使用 9×9 的小棋盘对弈。

——十三路棋：使用 13×13 的棋盘对弈。

——联棋：包括双人联棋、多人联棋、男女混合联棋、亲子联棋等。

——围棋接力赛：城市围棋联赛原创的团体接力赛制。

另外，多人赛、队际赛、天弈围棋、三人接力赛（每人五手）等比赛办法也在一定范围内试行和推广，受到广大棋迷欢迎。

2. 赛程设计

围棋赛程设计即根据比赛场次与时间的安排，选择合适的赛制。目前国际上常用的赛制分为淘汰制、单循环制、双循环制、积分编排制等。

——**淘汰制**：胜者进入下一轮，负者被淘汰，直至比出名次。淘汰赛制的优点是场次少，可以保证一个较短的赛程，对场地调度的压力小。比赛场数为：选手人数 N−1。例如，如果有 8 名选手参赛，则比赛场数为：8−1=7（场），三轮完成比赛，即第一轮 4 场产生四强，第二轮 2 场产生 2 名决赛选手，第三轮 1 场决出冠亚军。

——**单循环制**：所有参赛人员在比赛中均能相遇一次，最后按各人在比赛中的得分多少、胜负场次来排列名次。由于参加竞赛的各人都有相遇比赛的机会，是一种比较公平合理的比赛制度。单循环一般在参赛人数不太多，又有足够的竞赛时间时采用，参赛人数为单数时，比赛轮数等于人数，参赛人数为双数时，比赛轮数等于人数减一。比赛场数 = 人数 ×（人数 –1）÷2，如 6 人参赛，场数为 6×（6–1）÷2=15（场），7 人参赛，则场数为 7×（7–1）÷2=21（场）。

——双循环制：所有参赛人员均能相遇两次，最后按各人在两个循环的全部比赛中的积分、得失分率排列名次。如果参赛人数少，为了增加比赛轮次和场次，通常采用双循环的比赛方法。双循环赛制的轮次、场次以及比赛时间，均是单循环赛制的两倍。

——积分编排制：国际上称为瑞士制，依据参赛人员的积分及辅助分（如等级分、对手分、累进分、总得分等）从高到低编排参赛人员每轮对阵的比赛，配对原则为高分对高分、低分对低分，且任何两名参赛人员只能相遇一次，所有轮次比赛完成后按照积分及辅助分从高到低排出名次。假设积分编排制参赛人数为 X，则能够得出名次的最小轮次 N 需满足：2（N–1）≤ X ≤ 2N。最小轮次只能精确比出第一名和最后一名，其他名次可通过增加 1—2 轮、附加淘汰赛、抽签等方式得出。

不同赛制可以结合使用，例如将比赛分为小组赛和决赛两个阶段，小组赛采用积分编排制，前若干名进入决赛，然后采用淘汰制决出冠军。也可小组赛采用淘汰制，决赛采取单循环制。根据主办方的不同意图，可进行赛制的不同组合，赛制设计者可在实践中体会各种组合的不同应用效果。

3. 竞赛规程编制

竞赛规程是指具体的比赛组织方案和内容，在竞赛活动中，竞赛规程和竞赛规则共同协调和制约着竞赛的全过程。规程着重于竞赛的组织管理，规则主要是对技术规范以及确定成绩和有关场地器材条件的规定。

在制定围棋竞赛规程时，应体现出围棋竞赛的方针、政策和围棋运动发展的远期目标与近期策略，综合国际国内围棋协会、体育主管部门以及主办、承办等赛事运营单位的需求和意见，确定围棋竞赛的目的和任务，并秉承可行性、公平性、稳定性的原则，以当时的经费条件、场地设施和人员情况为依据，来落实竞赛规程的各项条款。

竞赛规程的主要内容一般包括：

组织机构： 指导单位、主办单位、承办单位、协办单位、赞助单位、合作单位、运营单位等

竞赛项目： 围棋个人赛、围棋团体赛等

人员安排： 参赛人员数量及名单、裁判名单、项目负责人名单等

比赛时间： 比赛开始及结束日期

比赛地点： 比赛场地所在的省市、街道、单位、楼层、大厅 / 房间等。

比赛日程： 比赛期间具体内容的时间、地点安排，主要有报到、技术会议、开幕式和闭幕式、媒体拍摄（采访），各轮比赛、用餐和休息、离场等。

【围棋比赛按日程划分，可分为赛会和主客场。赛会即在集中时间、集中地点一次完成全部比赛，大部分赛事属于这一类。主客场主要应用于团体联赛，比赛轮次之间往往间隔一段时间，参赛队伍分散在依次举办的各个主场完成比赛。目前国内的主要联赛，包括围甲联赛、女子围甲联赛、城市围棋联赛采取了"赛会＋主客场"的赛程安排，即其中若干轮次采取赛会制，另外一些轮次则采取主客场制。】

参赛资格： 规定可参与比赛的人员或单位、竞技水平范围、年龄、身体健康状况及其他与比赛规则相关的对参赛选手的要求。

比赛办法： 规定比赛采用的围棋规则，以及规则未涉及的部分，如赛制、分组、对阵方式、规定用时、迟到的处理等。

录取成绩： 写明成绩计算的方式方法，成绩排名的规则，录取和奖励的名次等。

奖励办法： 明确每个名次奖励的物品，包括证书、奖杯、奖牌、现金等物品。

报名办法： 报名渠道，报名费的付款方式，负责人姓名及联系方式。

其他： 食宿交通安排、参赛保险等比赛相关注意事项。

一般情况下，大型综合性竞赛至少要提前半年下达竞赛规程，使参加者能根据规程安排来调整训练计划，为参赛做好充分准备。小型竞赛也应提前数月印发竞赛规程，使参赛单位能根据竞赛规程的宗旨、内容和要求，组建队伍，确定竞赛和训练目标，积极准备，迎接比赛。

4.配套活动策划

为了丰富赛事活动内容，提高参与度与创新性，满足主办方、赞助商等相关参与单位的宣传需求，在主要赛事期间可策划其他小型配套活动。配套活动包括现场报名的围棋快棋赛、亲子赛、联棋赛等围棋比赛活动及论坛、游园、品鉴会、赞助商品展示、慈善拍卖等其他活动。活动规模根据宣传需求、场地、参与人员等实际情况而定。

（二）围棋竞赛组织

1.机构及分工

要保障一项围棋竞赛的顺利完成，需要建立起完善的机构并进行科学分工。围棋竞赛基本的组织机构为组委会，常见的执行部门包括：综合组、竞赛组、活动组、媒体组、服务保障组、市场开发组等。根据竞赛的规模与特点，具体机构可进行适当调整和优化。

组委会：围棋竞赛的最高领导机构。负责审议批准下属各职能机构的人员构成、竞赛组织的各项实施方案、竞赛经费预算及使用办法，解决竞赛组织过程中的其他重大问题。组委会成员一般包括名誉主任、主任、执行主任、副主任、委员等。

综合组：围棋竞赛的综合协调部门。主要负责综合会议的会务、传达、检查落实；对内计划、监督、总结；对外公关、联络、汇报；礼宾活动安排等。

竞赛组：竞赛工作的具体组织与实施部门。主要负责比赛场馆、设备的筹备、布置；各类竞赛技术文件、表格的编制、印发；参赛棋手报名注册和资格审查；技术官员、仲裁委员、裁判员和竞赛工作人员的聘请、培训、工作布置等管理和服务；汇总、核定各项比赛成绩并制作、编印成绩册、颁发各项竞赛奖杯、奖章、奖状和证书。

活动组：大型仪式活动的组织实施部门。主要负责场地布置、现场氛围营造、物料设计制作等；制订开、闭幕式总体计划和实施方案；组织开、闭幕式文体表演的创编、训练、彩排和演出；做好开、闭幕式仪式程序的安排落实；协同竞赛组做好闭幕式颁奖工作；组织文明观众、啦啦队。

媒体组：赛事宣传报道的牵头组织部门。主要负责宣传报道总体方案、开、闭幕式等重大活动报道方案、赛事直（录）播方案的制定及组织落实；主持辞、领导致辞稿以及新闻通稿的拟写；负责记者的邀请、报名、接待和管理；记者手册等资料的编印、发放；赛事官方网站或自媒体的运作；宣传报道的发布、整理、汇编。

服务保障组：赛事后勤、安保、经费的保障部门。主要负责嘉宾、组委会和参赛人员的食宿、交通安排；后勤物资的采购、发放、管理；现场安保、医疗救护、卫生保障；拟定有关财务管理制度，核拨和管理经费开支。

市场开发组：赛事商业运作、资金筹措的牵头部门。主要负责制定赛事招商工作的方针、策划及实施方案；综合协调赛事招商工作，授权有关专业机构具体负责赛事招商业务工作；负责开发无形资产，组织办理各种专利、广告、电视转播权、比赛器材招标、购置、观礼厅出售和开、闭幕式门票出售及集资性的大型活动等工作；办理各项赞助和捐赠事宜等，负责赞助客户的回报执行服务工作；做好维权和法律事务协调工作。

在大型围棋赛事中，以上各组也可以称为各部门，如综合部、竞赛部等。根据赛事组织方的习惯、人员组成等实际情况，工作组设置可灵活调整。

2.计划和执行

围棋赛事计划是对围棋比赛实施过程的工作目标、工作内容、工作要求、完成时限的分析和安排，目的是保障各项组织工作的有序完成，减少各种不确定因素的干扰和冲击，保证赛事实现目标效果。赛事计划在赛事组织中占有重要的地位。

赛事计划的表达形式包括计划表、横道图等。计划表一般为EXCEL表格，内容包括工作内容、工作要求、完成时限、负责部门、配合部门等。横道图又称为甘特图、条状图，通过条状图来显示项目、工作任务等的时间进度计划。

赛事计划一般根据机构设置和分工，由各个组别自行提出，综合组进行初步汇总和审核后报组委会审批执行。

为了提高各组的计划质量，特别是更好地处理好各组之间的工作边界，做到各组之间的协调配合，召开赛事推演会是一种常用的工作方法。在赛事推演会上，各组依次向其他组介绍本组的工作计划，提出工作疑问和需要其他组配合甚至组委会统筹安排的事宜，组委会和各组则对汇报的小组进行指导、提出建议并协商解决存在问题。

围棋赛事计划制订完毕之后，执行是否到位，便成为关系整个围棋赛事举办成败的关键因素。各小组应积极主动，严格按计划实施，遇到问题时，及时向组委会通报情况、争取支持。而组委会也应主动采取措施，保证各组的工作效果。有两项工作制度十分重要，一是委托综合组牵头，成立检查推进小组，定期、及时检查各组计划开展情况，对未能及时开展或完成的工作进行督促；二是定期召开小组负责人工作会议，通报各组工作进展，及时统筹、解决执行过程中遇到的各种问题。在赛事启动初期，定期检查和会议相对稀疏，随着赛期的临近越来越紧密，在比赛期间，条件允许的应每天甚至每半天进行一次，并且根据需要临时灵活安排，灵活应对突发事件。

3. 预算和决算

赛事预算是以赛事活动为核心的预算管理体系。预算管理流程包括预算分析、预算编制、预算审批、预算执行、预算控制、预算调整等内容。赛事预算主要包括：

——竞赛类预算：包括场馆、桌椅、网络的租借费用，棋具、文具的购买、运输和搬运费用，奖金、奖品，仲裁、裁判劳务等费用。

——物料制作类预算：包括背景板、LED、秩序册、引导牌、海报、台卡、证件牌等物品的设计及制作费用。

——仪式活动类预算：包括开闭幕式、大盘讲解、论坛等仪式或活动相关执行、主持人、嘉宾、节目表演等费用。

——媒体宣传类预算：包括电视时段费、报纸版面费、摄影摄像、记者劳务、视频直播、网络传播、速记等费用，赛事预热宣传、新闻发布会等费用。

——服务保障类预算：包括嘉宾及工作人员的食宿交通及劳务费用，安保、医疗、卫生相关费用。

——不可预见费用：指赛事期间可能发生的风险因素而导致的费用增加部分。

赛事决算是以赛事预算为依据，以实物数量和货币指标为计量单位，综合反映赛事从筹备到结束的全部费用、赛事预算执行效果和财务情况的总结性文件。常见的赛事决算包括赛事财务决算说明书、赛事财务决算报表、赛事预决算对比分析等。

4.赛事总结

在赛事结束之后，除费用决算之外，还应开展以下工作：

——对参与赛事的单位、个人进行表彰、答谢；

——赛事相关工作文件、资料等归档；

——赛事相关物资回收、入库及后续处置；

——赛事照片、视频、宣传报道收集、整理；

——向赞助商反馈赞助回报落实情况，并进行回访。

最重要的是，应对照赛事目标，对赛事执行情况、实施效果、赛事亮点、存在问题、改进措施等进行总结，以便为下次赛事组织积累经验。

第三节　围棋竞赛业的发展展望

一、现状与挑战

虽然中国近年来出台了一些指导性的鼓励政策，但围棋竞赛业还面临着来自自身属性、市场基础等方面的现实困境。

（一）围棋竞赛观赏性不强

相对于一般的体育运动以及其他的智力运动而言，围棋规则并不算复杂，但其变化却最复杂，学好的难度很大，低水平的棋手往往难以理解高水平棋手的意图。同时，围棋竞赛发生在对弈双方的头脑中，缺少外显的运动轨迹，比赛现场安静而单调，比赛时间长。因此，围棋竞赛观赏性不强。现今人工智能逐渐兴起，在人工智能的辅助下，虽然可以即时进行形势判断，对双方的胜率进行估计，也可对未来的行棋进行预测，但围棋的趣味更多在于计算的过程，简单的形势判断仍然不能从根本上解决观赏性不强的问题。

（二）围棋竞赛业门槛较高

围棋竞赛的高门槛不仅仅体现在要求观众具备相当的围棋水平，也反映在对从业者提出了较高的要求。由于围棋的专业性和文化性，从事围棋赛事组织的人员既需要达到一定的围棋水平、精通围棋规则，还必须具备赛事策划、活动组织执行、经营管理的专业技能。同样，从事围棋解说评论、围棋传播等活动既需要具备相当的围棋水平，同时还必须具备丰富的文化素养、出众的口才表达等能力，高门槛使相应的产业人才十分缺乏。

（三）围棋竞赛业盈利能力弱

虽然世界范围内围棋赛事数量繁多，但在挖掘赛事的观赏性、娱乐性方面开发程度较低，主要是新闻、讲棋节目等传统形式，难以吸引棋迷。因此，一般体育竞赛的重要盈利模式——门票收入和赛事转播收入目前在围棋赛事中难以实现。同时，现阶段围棋竞赛策划组织能力等较弱，使用的设施设备简单，场地需求小、标准低，无法在棋具、周边产品开发和销售以及相关产业的带动方面发挥更大作用。因此，目前围棋竞赛业主要依靠政府资金和商业赞助，盈利模式少，盈利能力弱，围棋赛事运营公司大多亏损或是微利，整个产业仍处于起步阶段。

二、趋势与展望

国家高度重视体育竞赛业发展并出台了一系列鼓励政策。2018 年，国务院办公厅还专门印发了《关于加快发展体育竞赛表演产业的指导意见》，提出了体育竞赛表演业的发展目标，即"到 2025 年……建设若干具有较大影响力的体育赛事城市和体育竞赛表演产业集聚区，推出 100 项具有较大知名度的体育精品赛事，打造 100 个具有自主知识产权的体育竞赛表演品牌，培育一批具有较强市场竞争力的体育竞赛表演企业"，并提出了若干具体的政策举措，包括丰富赛事活动、完善赛事体系，壮大市场主体、优化市场环境，优化产业布局、加强平台建设等。在此形势下，围棋竞赛表演也迎来了快速发展的机遇。

（一）市场机制不断完善

在各项鼓励体育产业的政策基础上，各级部门正在推动各项政策措施的细化，推进落地。2019 年国家发改委、民政部、中央组织部等 10 部委联合发布《关于全面推开行业协会商会与行政机关脱钩改革的实施意见》（发改体改【2019】1063 号），为以中国围棋协会为代表的围棋行业改革也指明了方向。

各项政策为产业规划、人才培养、资本投入等各方面社会力量参与围棋竞赛业提供条件和环境，必将促进棋手、从业人员、资本等各种要素按照市场机制进行流动，逐步消除社会力量办赛事的各种阻力，围棋竞赛业将面临越来越好的市场条件、营商环境和竞争环境。

（二）市场主体不断壮大

在各级政府纷纷出台的资金、税收等各种政策鼓励下，更多企业从事围棋竞赛业，促使围棋领域企业规模不断扩大、实力不断提升，将逐步形成行业配套完善、产业联动深入的围棋竞赛产业链。同时，鼓励更多人才从事围棋竞赛表演业，使人员规模不断扩大、素质不断提高，从而提高围棋竞赛表演业的总体发展水平。

（三）市场产品不断丰富

吸引更多资本投入到围棋竞赛业，在资金的投入和保障之下，鼓励围棋赛事、围棋竞赛表演、围棋活动与节目等不断创新，融合赛事的参与性和观赏性，使周边创意产品极大丰富，为消费者提供更多的消费选择，从而培育起棋迷参与围棋赛事、观看围棋竞赛表演的兴趣，提升棋迷的消费热情。

（四）相关产业融合发展

围棋竞赛业的发展，将会进一步促进围棋竞赛业与文化产业、旅游产业等其他产业形成深度融合。

围棋竞赛与文化产业的融合，可以围棋竞赛为核心，策划、开发一批围棋竞赛表演的主题影视、综艺节目，推行围棋经纪人制度，打造一批围棋明星，丰富和发展围棋文化产业。

围棋竞赛与旅游产业的融合，可将围棋竞赛和旅游观光综合策划，建设一批围棋主题休闲、娱乐园区，将围棋竞赛与旅游体验结合起来，相互促进和提升。

另外，围棋竞赛还可与娱乐、互联网、竞赛表演装备制造领域融合发展。

【复习思考题】

1. 各类围棋赛事有什么共同点和不同点？

2. 围棋竞赛业面临什么样的机遇和挑战？

3. 进一步促进围棋竞赛业发展可从哪里入手？

4. 围棋竞赛表演应该向其他体育竞赛表演学习什么？

第三章 围棋场馆的建设和运营

本章导读：

本章首先介绍围棋场馆的作用、意义和发展现状，介绍国内主要的围棋场馆及其在运营中存在的问题，提出智力运动综合体的概念。其次，介绍围棋场馆的建设、运营及盈利模式。最后，展望围棋场馆的未来发展方向。

学习目的：

1. 了解围棋场馆的作用和意义。
2. 掌握智力运动综合体的概念及其盈利途径。
3. 掌握围棋场馆建设模式。
4. 掌握围棋场馆运营模式及其盈利模式。

第一节 围棋场馆概述

围棋场馆是围棋产业发展的重要有形载体。过去人们多在街头巷尾及茶馆等场所下棋，随着围棋赛事规格、数量的增加，围棋比赛和棋手训练对场地的要求越来越高，专业的围棋场馆应运而生。当前，国内外有诸多专业的围棋场馆，如东京棋院、韩国棋院、杭州天元大厦、广州棋院等。围棋场馆涉及的业务领域较多，包括地产建设开发、俱乐部经营、围棋培训、衍生品销售、网络平台等多个领域。

围棋场馆面临着发展机遇和挑战。一方面，政府部门逐渐认识到体育场馆对体育产业发展的重要推动作用，出台了多项优惠和鼓励措施，如上海、成都、江苏、广西等地均制定了相关政策，提出了加大体育场馆设施建设力度，优先安排体育基础设施用地，鼓励和吸引民营资本参与投资、建设及运营的要求。国家体育总局《体育产业发展"十三五"规划》提出"推动竞赛表演业、场馆服务业等重点产业的发展"。《国务院办公厅关于加快发展健身休闲产业的指导意见》（国办发〔2016〕77号）中提出鼓励健身休闲设施与住宅、文化、商业、娱乐等综合开发，打造健身休闲服务综合体。这些措施有力地支持了体育场馆的发展。作为体育场馆的子领域，围棋场馆的发展迎来了较好机遇。另一方面，围棋场馆面临着产品或服务单一，运营缺乏创新，管理水平低等方面的问题。因此，运营市场化、服务专业化和产品多元化是围棋场馆抓住发展机遇的"钥匙"。未来，围棋场馆将会迎来一轮快速发展。

一、围棋场馆的作用和意义

（一）有助于带动围棋消费

通过吸引智力开发、特色酒店、研学旅行、琴棋书画、茶道、体育健身、健康养老等具有相似功能的产业集聚，为围棋产业发展提供催化剂和推动力，实现"围棋+"多产业融合，构建以围棋为核心的"大围棋、大文化"产业生态系统，从而起到优化城市经济结构，激发城市经济活力的作用。

（二）有助于完善城市基础设施

多功能、现代化的围棋场馆建设不仅能完善城市功能，而且能带动道路、交通、水电、通信等周边基础设施的建设与完善，进一步完善周边生态环境、改善城市人文环境，直接带来市民出行便利度、生活满意度的提高，从而有助于市民生活品质的提升。

（三）有助于提高城市品位

结合当地历史人文特点建成的围棋场馆，不仅具备围棋消费的基本功能，还能借助围棋文化强大的渗透力、凝聚力和影响力，更好地展现地方城市的精神风貌，完善城市功能，提高城市人文魅力。例如，杭州天元大厦坐落于钱江新城中央商务区，东临钱塘江，北倚大运河，不仅具备鲜明的围棋文化特征，还是览钱塘江潮、观西博烟花的绝佳去处。2013 年，天元大厦荣膺"中国最具文化价值酒店五星钻石奖"，与毗邻的杭州大剧院、杭州图书馆（新馆）、杭州市城市规划展览馆、杭州青少年发展中心等文化景点交相辉映。

（四）围棋场馆有助于实施全民健身战略

体育产业的主要矛盾是人民日益增长的美好生活需要及体育健身需求与体育产业的发展不平衡不充分之间的矛盾。现代化围棋场馆的建设和运营，对于推动围棋产业领域供给侧结构性改革，增加围棋公共服务，丰富围棋产品和服务供给，满足棋迷群体日益增长的个性化、多样化消费需求具有重要意义。

二、国内围棋场馆的现状和问题

（一）国内围棋场馆数量少、规模小、投入不足

体育场馆的建造与改建花费巨大，小到几亿元，大到几十、几百亿元资金，但多投入在足球、篮球等奥运项目相关的场馆建设，围棋场馆建设投入资金明显不足。据统计，围棋场馆面积普遍偏小，建筑面积超过 1 万平方米的围棋场馆不多。经济发达城市的围棋场馆规模相对较大，其他城市的围棋场馆规模较小。

表 3-1 部分围棋场馆

名称	所处城市	建筑面积（m²）	业务模式
天元大厦	杭州	60000	棋馆、博物馆、餐厅、酒店、会所、商场、酒廊、会议室、办公、各类活动等
南国弈园	南宁	13000	棋馆、餐厅、商店、会所、培训、会议室、办公、各类活动等
广州棋院	广州	12233	棋馆、宿舍、培训、会议室、办公、各类活动等
上海棋院	上海	12424	棋馆、培训、会议室、办公等
中国棋院	北京	9465	棋馆、培训、会议室、办公、各类活动等
衢州弈谷	衢州	9000	棋馆、餐厅、酒店、商店、会所、培训、会议室、办公、各类活动等
各地方棋院	吉林、成都、天津等	≤ 1000	棋馆、培训、办公、比赛等

（二）围棋场馆建设需求大

随着我国经济发展以及全民健身广泛开展，对各类型体育场馆的需求日益增加。2022年国家体育总局群体司发布的《中华人民共和国2022年国民经济和社会发展统计公报》显示：2022年人均体育场地面积2.62平方米，对比发达国家，美国人均体育场地面积达到16平方米，日本甚至高达19平方米。由此可见，我国体育场馆建设需求规模较大。近年来，围棋运动蓬勃发展，围棋场馆越来越受到地方政府青睐，各地均有不同规模的围棋场馆项目落地。

（三）相关产业链条不成熟

围棋场馆只是围棋产业链条中的环节之一，其运营成功需要产业链条上各环节的支持。而我国围棋产业尚处于起步阶段，相关产业链条并不完善，部分环节甚至有所缺失，从而制约了围棋场馆的运营能力。

（四）缺乏围棋场馆相关建设标准

目前，诸多体育场馆均有相应的建筑规范和标准，场馆设计单位可参考相应规范进行设计。但围棋场馆目前没有相应的建设标准，且围棋场馆设计建设缺乏专业人才，已建成的围棋场馆风格不鲜明，建设完成后往往存在专业设施设计、安装不到位等问题。

（五）缺乏优质内容且运营管理水平有待提升

围棋场馆是产业发展的载体，需要有丰富的内容支撑。从围棋场馆主要经营业务来看，举办赛事、运动训练和体育培训等是其主营业务，营业收入占比达75%以上；文艺演出、展览展销等其他业务占比偏小，仅占14%左右。但是，目前围棋赛事的数量和质量还有待提升，不能为围棋场馆提供符合棋迷需求的内容，与围棋场馆运营无法形成良好的互动，从而影响了围棋场馆运营的效果。

此外，围棋场馆运营的管理水平受到围棋场馆运营的市场化程度、管理体制等因素制约，往往无法为产业的发展提供高水平的支持。

第二节　围棋场馆建设与运营

围棋场馆的盈利模式主要由场馆的商业运营、赛事 IP 打造、地产开发等主要业务耦合联动构成。商业运营和赛事 IP 打造是实现长周期、大规模盈利的根本途径，而地产开发和资本运营则是短期盈利手段。

一、围棋场馆建设模式

根据投资建设主体不同，围棋场馆建设模式可划分为政府主导模式和企业主导模式两类。

（一）政府主导模式

政府主导模式是指场馆用地以政府划拨或相关部门自有土地为主，运用财政拨款、社会捐赠等方式建设。该类场馆往往以满足特定需求为先，例如举办某项大型围棋比赛或相关活动，其次是向社会开放，为棋迷提供下棋场所或围棋培训服务。中国棋院、上海棋院、广州棋院等棋院是由政府主导建设的综合性围棋馆。以中国棋院为例，中国棋院是为了满足政府对棋牌类项目的管理需要而建设，它是中国棋类运动的综合性训练基地和竞赛场所，并直接承担国家队围棋、象棋和国际象棋等的集训任务。

（二）企业主导模式

企业主导模式是由企业通过"招拍挂"的公开出让途径获取围棋场馆建设用地，并自行策划、筹资、建设的模式。鉴于围棋场馆具有一定公用物品的特征，企业主导模式一般也需要政府在财税、土地等方面给予一定的优惠和支持。但是围棋场馆的运营完全基于市场需求，由企业自负盈亏。因此，企业在场馆设计、建设过程中更为注重未来使用、经营以及与周边设施共生的需要。南国弈园是采用企业主导模式建设的例子，它由民营企业自行策划、设计、建设和运营，并取得较好的社会和经济效益。

二、围棋场馆经营模式

根据围棋场馆实际经营主体的不同划分，围棋场馆运营模式可分为自主经营、合作经营和委托经营等几种模式。

（一）自主经营

自主经营是指围棋场馆由项目业主方自行组建团队，承担场馆市场开发、场馆管理及维护等工作，自行承担经营风险并享受全部经营成果的经营方式。我国多数围棋场馆采用自主经营的模式。自主经营的优点在于所有权、经营权和收益权高度统一，场馆所有者可以从长远发展的角度制定经营策略，避免短期逐利行为影响场馆的长期发展。

现阶段我国围棋场馆主要由政府为主建设，因此在经营中具备较强的行政色彩，运营经费全额财政拨款或差额拨款，市场经营能力有待提高。

（二）合作经营

合作经营是指围棋场馆的所有者引进若干合作方，通过注册成立独立法人企业或签订契约的形式共同经营。合作经营的特点是风险共担、资源和收益共享。合作经营的优点是有助于发挥各方的专长和优势，提高围棋场馆的运营管理水平和经济效益。合作经营的缺点是不同企业主体的经营思路、工作方式、效率等方面存在差异，合作经营的伙伴数量较多时，容易产生矛盾，难以达成共识。

（三）委托经营

委托经营是指受托人接受委托人的委托，按照双方订立的合同，对围棋场馆进行经营管理的行为。委托经营行为中，必须有三方当事人，即委托人、受托人和受益人，委托人和受益人可以是同一主体。同时，委托经营的协议中还必须明确两个关键要素：委托时间和标的场馆。围棋场馆的投入产出周期较长，因此其委托时间一般是五年、十年或者更长时间。委托经营的特点是所有权和经营权分离，经营权作为商品进行交换，可以允许转让、赠送或继承。一般而言，围棋场馆的所有者自身经营能力不足以承担场馆日常运营时，方才将经营权让渡给受托者经营。因此，委托经营有助于盘活场馆资源。委托经营的缺点是受托者根据经营需要对场馆进行各种改造，但部分改造难以复原。此外，受托者如果经营过程中出现违反经营，如宰客、以次充好等负面事件，容易对围棋场馆造成长期不利影响。场馆委托经营过程中，受托人一般按照事先约定收取管理费，同时从经营成果中分享一定的收益。若发生经营亏损，受托人可能承担一定的赔偿责任（主要依据双方合同约定），场馆所有人也需承担相应风险。

三、围棋场馆经营业务

围棋场馆经营业务主要为本体业务和衍生业务两类。

（一）本体业务

本体业务是指与围棋运动密切相关的业务，包括：举办围棋赛事，开展围棋培训，销售围棋用品用具，创作围棋文化书籍、动漫或影视节目，研发围棋衍生品等。

1.围棋赛事及相关活动

围棋场馆的基本功能是为举办各类围棋活动提供场地。场馆运营商需要根据周边市场需求，开发多样化的、深受群众喜爱的围棋赛事或活动，从而获取场地使用费、广告费等收益。部分围棋场馆还能为专业围棋联赛俱乐部提供专业的棋手日常训练服务并承办主场赛事。部分围棋场馆通过赞助、拍卖等方式出让场馆的冠名权以获取收益。

2.围棋培训及相关衍生产品销售

开办围棋为主的棋类培训班是围棋场馆的主要经营内容。利用围棋场馆优势资源，通过培训吸引小棋手及其家人，形成群聚效应，借此带动围棋用品用具、围棋特色旅游甚至是相关的运动服装等产品的销售，有效延长消费链条。

（二）衍生服务

衍生服务指为围棋运动及与围棋运动密切相关的业务提供配套服务的业务，包括素质教育、餐饮、酒店、办公、会议等配套服务。随着市场需求的多元化，在运营过程中运营主体开始注重业务的多元化发展，努力形成具备多种服务功能的综合场所，衍生服务业正成为围棋场馆运营的重要内容和围棋场馆盈利的重要方式。目前，围棋场馆的衍生服务主要有如下几类。

1.文化休闲娱乐服务

围棋场馆经营的文化休闲娱乐服务主要是文化休闲服务、观赏体验服务和高档餐饮服务。文化休闲服务主要是指具备较高文化气息，对周边环境要求相对安静的服务项目，例如书吧、茶馆、咖啡厅、陶吧、水吧等。观赏体验服务主要是指以歌舞文艺表演及其他表演等视听欣赏为主的项目，例如举办音乐会、节庆文艺表演等，这些服务与围棋深厚的文化品位相得益彰，成为吸引高端消费人群的重要因素。

高端人群的聚集引致高档餐饮服务的需求产生，因此，围棋场馆运营方也会充分利用其客户人群的特性，提供高档餐饮服务。

2.会展服务

会展是指会议、博览会、交易会、展示会等集体性的商业或非商业活动。现代化的围棋场馆配备有大空间、大平层的比赛场地，在比赛之余能够提供一定规模的会展服务，从而提升场馆使用效率。高端、定期、持续的会展服务也可以提高围棋场馆的品牌影响力，培养固定的消费群体。例如举办COSPLAY，有助于吸引年轻人关注；举办围棋用品展销会，有助于吸引棋迷关注；举办高端文化论坛，有助于吸引文化人士关注。

3.零售商业服务

零售商业是指把消费品直接出售给消费者，用以满足生活需要的商业。零售商业包括超市、银行、药房、便利店、快餐店等多种形式，其特点是交易量小且频繁，经营受商圈、地段等因素的影响大。与其他场馆一样，围棋场馆的消费者除了发生与围棋活动直接相关的消费行为外，还拥有与零售商业相关的消费意愿。例如，围棋场馆开展培训服务，但家长在满足带孩子来学习围棋的需求后，往往还会产生购买零食、水等消费需求。因此，丰富的零售商业有助于为消费者提供更多便捷服务，拉长消费链条，提升消费体验。

第三节　围棋场馆的发展展望

围棋场馆设施是发展围棋产业、拉动围棋消费的重要物质基础。以场馆为基础建设多功能综合体，积极拓展围棋及相关产业，有利于调动社会力量参与围棋产业发展，促进体育与相关产业融合，全面提升围棋产业发展水平，挖掘和培育引领时尚的体育新消费。

从效用最大化的角度考虑，围棋场馆将向与围棋所需服务类似的智力运动领域、传统文化领域延伸，从单一的为围棋运动提供支持的场馆，向全面支持所有智力运动的场馆转变，将场馆的运营内容跳出围棋领域扩展至面向所有智力运动领域，甚至琴棋书画等传统文化活动领域，提供包括比赛、训练、培训、展览、健身、表演等服务，实现围棋场馆向智力运动场馆的转变。

根据我国围棋场馆的发展现状以及围棋场馆探索的最新进展，结合国际围棋场馆发展潮流，未来围棋场馆的发展趋势如下：

一、经营主体企业化

国家已着手推广"所有权属于国有，运营权属于公司"的分离改革模式，通过引入社会资本和现代公司化运营机制盘活行政机关和事业单位所属的体育场馆，这也为我国围棋场馆管理体制改革指明了方向。围棋场馆运营权的改革为社会力量参与围棋场馆运营提供了市场机遇。就事业单位性质的围棋场馆而言，企业化、市场化运营将成为核心内容，围棋场馆运营权将逐步推向市场，越来越多的社会力量将进入围棋场馆的投资运营领域，从事围棋场馆运营方面的市场主体将迅速增加。

二、经营功能多元化、集成化

2014年10月，国务院《关于加快发展体育产业促进体育消费的若干意见》中提出"以体育设施为载体，打造城市体育服务综合体，推动体育与住宅、休闲、商业综合开发"。体育服务综合体的特征是以体育服务为主导，有功能丰富、配套齐全的现代化体育场馆，因此经营功能多元化是未来围棋场馆发展的重要趋势，它要求场馆改变以往的单一功能，将围棋及围棋文化融入人们的生活的同时与其他生活化的业态融合发展，共享红利。

根据国内外优秀体育服务综合体的实践经验，未来，围棋场馆的运营在扩展到智力运动其他领域的同时，将进一步与场馆建设、体育地产、场馆系统设备、餐饮商超等领域结合，形成以围棋为主的具有智力运动特色的体育服务综合体——智力运动综合体。

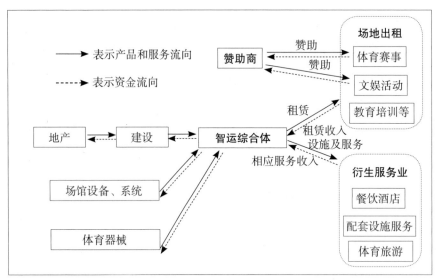

图 3-1　智力运动服务综合体业态图

智力运动综合体在打造围棋、桥牌、国际象棋、中国象棋等棋牌类运动相关服务链的同时，提供住宅、智力运动主题酒店、特色休闲公园／广场、智力运动培训学校、智力运动产业孵化基地、智力运动特色商业街区及其他配套设施，形成集体育、商业、办公、住宅、酒店、展览、教育、旅游、娱乐、电竞等功能为一体的城市体育服务综合体。

此外，国内围棋氛围浓郁、相关配套产业齐全的城市可以建设围棋（智力运动）小镇。一般而言，围棋场馆的建筑面积有限，从数百上千平方米到数万平方米都有可能，其用地面积从十余亩到百余亩不等。而围棋（智力运动）小镇则是脱离了场馆乃至围棋服务综合体的概念，用地面积往往达到十数平方千米，功能则集运动、休闲、文化、健康、旅游、养老等于一体，是多个产业相互共生的发展平台，能够为消费者提供全方位、多角度的服务，满足不同层次的消费需求。目前，特色围棋（智力运动）小镇开始受到各地重视，洛阳、日照、保山等城市都在筹备或建设此类项目。

三、管理团队专业化

大、中型围棋场馆具有投资大、资金回收期长、功能多等特点。企业化经营、市场化运作将倒逼围棋场馆管理升级，这就需要培养一批熟悉围棋运动，又具备市场综合开发能力的专业人才。未来随着围棋教育的发展，围棋逐步走入高等教育和高职课堂，专业围棋产业人才的稀缺问题有望缓解，这将有助于推动国内围棋场馆专业运营机构的发展，从而进一步提升围棋场馆服务业的规范化、专业化程度。而且随着围棋场馆运营市场竞争的加剧，各运营商之间的竞争将更加激烈，进一步促进围棋场馆专业化服务质量的提高。

四、经营手段智能化

围棋场馆运营技术智能化主要是利用人工智能等现代电子信息技术提高场馆安全运行和管理效率，包括智能化设施和信息化服务技术。场馆运营和管理的智能化不仅能够提高场馆安全运行和管理效率，为围棋职业选手、爱好者、从业者等提供赛事宣传、场馆预订、体质检测等个性化服务，还能够为围棋场馆开放运营提供决策支持，在提高管理效率、减少人力成本、实现连锁化运营等方面发挥重要作用。

未来，随着围棋场馆智能管理系统的开发、应用、普及，更多围棋场馆将利用科技元素作为吸引顾客的重要手段，增强顾客体验感，部分个性化服务项目将被作为付费项目，吸引顾客二次消费，如 VR 互动体验、智能教练等。

案例 3-1：南国弈园

南国弈园坐落于广西南宁市青秀区云景路和月湾路交汇处，是以 PPP 模式向公众提供智力运动公共服务的体育设施，由企业负责投资、建设和运营。该项目取材于棋牌文化，融合了丰富的民族元素，充分展现了广西地方特色文化。

在设计上紧紧围绕围棋赛事举办、文化展示、教育培训、餐饮会务等使用功能，并融入节能环保理念，是广西第一个获得绿色建筑二星级设计标志的公共建筑，并曾荣获"全国优秀建筑

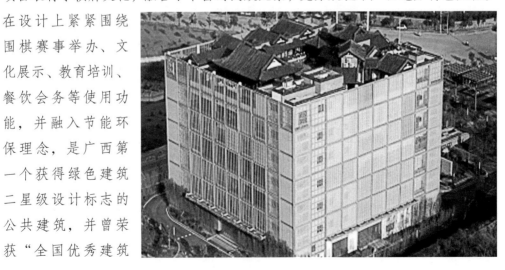

设计一等奖""广西十大创意项目"等称号。

南国弈园2012年正式建成投入运营,总建筑面积约1.3万平方米,共8层(地下1层,地上7层)。在空间布局上,弈园的楼层空间多以开放或半开放为主。一、二层为敞开空间,主要用于围棋培训、智力运动主题商店、智力运动俱乐部等业态,为学棋人群、棋友和会员提供围棋、象棋、桥牌等休闲交流的空间,并展销智力运动书籍、器具,同时提供茶艺、咖啡、餐饮配套服务。三层以800平方米大厅为中心,能满足大型智力运动比赛、培训和会议等活动。四、五、六层为办公区域,布局广西智力运动发展中心,广西围棋、桥牌协会以及智力运动相关公司办公室。七层拥有大庭院,大庭院包含小庭院式包厢,以游廊为纽带,既是独立对弈的棋室,也可互相联系,组成大套间使用。

自建成以来,南国弈园不断进行智力运动产业化探索,不仅孕育出"城市围棋联赛",还设计制作了系列文化扑克、魔方等智运产品;挖掘围棋及相关资源的商业价值,设计制作"弈茶""弈酒""弈菜"等带有围棋文化特色的产品;设立智力运动培训中心,开设围棋、象棋、国际象棋等棋牌培训,推动少儿智力运动的普及;举办"南国夜曲"音乐沙龙、"南国夜宴"等特色文化活动,有效提升了南国弈园的文化定位和品牌效应。南国弈园截至2022年累计共举办了面向公众的免费讲座约69期,由国内外专家学者就围棋与人生、围棋与文化教育、城市与围棋、文学艺术、科学技术等专题进行讲授。此外,南国弈园举办了围棋、象棋、国际象棋、桥牌、扑克等智力运动赛事约500场次,40000多人次参与。南国弈园已成为广西智力运动文化交流、棋艺培训和赛事活动的重要基地,并荣获"国家文化产业示范基地""广西智力运动发展中心""广西体育产业示范基地"等称号。

南国弈园上述智力运动产业活动均是由华智体育产业股份公司负责策划和运营。该公司是一家从事以围棋为主的智力运动产业化研究、投资和运营的现代企业。业务涵盖智力运动全产业链,包括赛事IP打造、围棋场馆运营、活动整合推广、衍生品研发与销售等。正是专业团队的运作,为场馆的持续发展提供了保障。

案例3-2：广州棋院

广州棋院是广州市体育局属下正处级单位，广州棋院前身是广州棋艺社，成立于1956年，是广州市棋牌业务主管单位，全国中小学棋类教学实验基地，承担广州市象棋、围棋、国际象棋、桥牌、扑克牌竞技等棋牌运动的培训、竞赛以及对外交流活动等任务。

2005年广州棋艺社改名为广州市棋院，2007年更名为广州棋院至今。曾拥有杨官璘、陈松顺、齐增炬、袁兆骥、陈柏祥、邓文湘、梁光明、冯曼等资深教练，培养出陈志刚、容坚行、陈嘉锐、廖桂永、梁伟棠、曾炳权等一批国内棋、牌坛名将。

现常年开设象棋、国际象棋、围棋等项目的培训班，并拥有一批高水平的教练人才。在做好青少年儿童培训工作以及国内外棋艺交流工作的同时，每年举办大量群众喜闻乐见的各种棋、牌竞赛，为广州市棋牌运动的发展做出了重要贡献。2010年广州棋院作为承办第16届亚运会象棋、围棋和国际象棋比赛的场馆，在广州市越秀区横枝岗路专门修建了一个占地面积达到12233平方米的新棋院。新棋院北望白云山，西邻麓湖畔，坐落在青山绿水间，堪称最有诗意的广州亚运会场馆。

充满岭南园林建筑风格的新广州棋院，主要由两个大型比赛场馆以及办公楼、运动员公寓组成，主体建筑依山而建，分为A、B、C三区，A区场馆承担国际象棋比赛，并设有记者工作室，B区场馆承担象棋、围棋比赛和展示功能，两

个场馆占地1900多平方米，都位于山脚。沿山拾级而上，到达山顶便是C区场馆，亚运会比赛期间是棋手临时休息场所，赛后用于棋类培训，或举行高手对局等重量级比赛。

【复习思考题】

1. 简述国内围棋场馆存在的作用和意义。

2. 简述智力运动综合体的概念。

3. 简述国内围棋场馆有哪些盈利模式。

第四章　围棋培训业

本章导读：

在消费升级、教育培训行业快速发展的背景下，围棋培训行业也在蓬勃发展。本章首先介绍围棋培训业的概念、特点和属性，并介绍国内围棋培训市场发展现状及存在问题，其次介绍围棋培训的经营理念，最后展望围棋培训业的发展前景。

学习目的：

1. 了解围棋培训的概念与特点。
2. 了解我国围棋培训业的主要经营模式。
3. 了解当前我国围棋培训业存在的主要问题及未来发展趋势。

第一节　围棋培训概述

围棋培训业是指从事围棋培训相关性质的生产、服务的单位或个体的总称，是围棋产业的根基和重要组成部分，对经济、文化和社会发展具有重要的促进作用。本章重点阐述针对围棋竞技技能和围棋文化相关的培训。

一、围棋培训的基本概念

围棋培训是围棋机构或个人为了实现某一教学目标，通过教学或训练等方法，使参训者的知识、技能、态度、行为有所提升，从而满足参训者学习需求的一种围棋社会活动。业界对围棋培训业特性的认识也相对一致和集中，主要表现在以下几方面：

第一，科学性。围棋培训业作为一种行业，有其自身的发展规律和价值规律，在社会不同发展阶段也必然存在符合社会发展逻辑的标准、导向和框架。

第二，长期性。"十年树木，百年树人"。教育培训的长期性是指无论从一项培训活动的完成，抑或单个个体的培训成长，其时间周期都比较长。围棋有"易学难精"的说法，揭示了受训者若想驾驭围棋，需要投入较长的时间。

第三，相对独立性。围棋培训业受社会、政治、经济等因素的制约，作为一种培养人的社会活动，既彰显教育培训和体育培训的共性，又有其自身的发展规律，具有相对独立性。此外，围棋培训的相对独立性还表现在特定的培训形态不一定与其当时的社会形态保持同步，可能存在超前或滞后的现象。

第四，多样性。围棋培训业具有广泛的多样性，集中体现在培训主体的身份、培训面向的目标群体、培训类型与形式、培训机构的组成等诸多方面。

二、围棋培训的发展概况

围棋培训自古有之，是伴随着围棋项目本身同步发展起来的。现代围棋培训缘起于20世纪30年代，日本棋手木谷实在棋力依然处于顶尖位置时，将关注重心转移到了选拔围棋后备力量和围棋教育培训领域。为了发现好苗子，木谷实周游全日本，甚至赴韩国去发掘有才能的围棋人才。最终，大平修三、大竹英雄、石田芳夫、加藤正夫、赵治勋、小林光一、武宫正树等如今棋迷耳熟能详的人物，都被他收到平家的家中，成为了他的内弟子。木谷实为了让弟子们专心学棋，安排自己的孩子和弟子们吃住都在一起，一视同仁，闻名遐迩的木谷道场就此建立。

围棋道场源自日本，却兴盛于韩国。在韩国，围棋道场成为生产职业棋手的流水线基地，被誉为"魔鬼道场"的权甲龙道场，弟子总段位已超过200段（2009年），其中有名满天下的李世石、崔哲瀚、元晟溱、姜东润等。

中国围棋培训在改革开放后得到了蓬勃发展，初期成规模的围棋培训活动肇始于各地青少年宫，对围棋有兴趣的青少年聚集在一起，在课余时间接受围棋指导。20 世纪 80 年代，一些业余棋手看到了围棋培训行业的潜力，在家中开始进行围棋教学与培训，成为我国围棋道场的雏形。1999 年，棋圣聂卫平创办了中国第一个专业围棋道场——"聂卫平围棋道场"，开始了职业棋手培训工作，成为中国围棋培训里程碑式的事件。随后，一些知名棋手牵头、组建团队，招收有志于迈向围棋职业道路的青少年棋手，着力进行培养，比如马晓春道场、汪见虹道场、郑弘道场等。近些年，随着教育培训行业管理水平的提高，精于管理的围棋教育培训组织和单位受到了大众的青睐，从葛玉宏道场的兴起到杭州棋院的繁荣即是明证。

在我国，职业培训与业余培训的界限一直比较模糊，随着职业棋手定段名额逐年放大，以及业余棋手在日后的选择性更为多元的优势，职业培训和业余培训在培训内容上已经没有太大差别，仅仅在训练强度和频率上有所差异。传统道场培训中成为职业棋手的毕竟是少数，多数人将回归业余棋手状态。同时，地方棋院培养的好苗子，也有个别会在职业定段比赛中大放异彩。随着人工智能辅助围棋技术提升的效果越来越突出，地方棋院抢夺职业棋手名额的可能将逐年增加。另外，职业棋手和业余棋手的界限如同职业培训和业余培训一样日趋模糊，如今，职业棋手若从一线淡出，大多会选择参与围棋教育和培训工作，而业余棋手也不仅仅是将围棋作为一种爱好，诸多优秀的业余棋手已把围棋竞赛和培训作为自己一生的职业。围棋培训业已经成为大部分职业棋手和部分业余棋手共同的归宿。

根据 2016 年统计，全国围棋培训机构约有 2 万多家，大多数规模较小。其中，职业化围棋教育多数是由高段职业棋手创办的围棋道场，由职业棋手或高段业余棋手任教，但职业化围棋教育的消费群体较狭窄，导致机构规模较小。少数机构（弈学园、有道纵横等）将围棋教育作为幼儿启蒙教育及素质教育的一部分，以兴趣爱好拓展为主要方式，从而实现了围棋培训业务真正意义上的市场化、规模化。

从全国范围看，目前围棋培训市场的竞争程度总体一般，无法比拟 K12 等领域的竞争程度。北、上、广、深等一线城市的围棋培训市场竞争相对激烈，消费者对教育培训机构的要求较高，催生了较大规模的围棋培训机构。比如北京的聂卫平围棋道场、上海的乐在四季、广州的东湖棋院、南京的南京棋院、西安的中恺围棋和弈学园等。在地市级城市，平均每个城市都有数十家围棋培训机构，一些经济较为发达的县级地区也出现了围棋培训机构或教学点的影子。3000 人规模的围棋培训机构已不鲜见。

理性客观来看，目前学习围棋的人数与其他大项、"热项"还存在一定差距。主要原因在于围棋项目在基础课程教育之中并非刚需，家长面对培训班选择时，往往优先考虑对孩子学习提高、升学有明显帮助的课程，围棋培训仅作为辅助选择。再加上围棋学习效果评估方式单一，只有通过比赛验证成绩，当孩子比赛成绩不佳或产生挫败感时，围棋学习中断风险较高。根据《2016 年中国围棋培训市场现状分析及发展趋势预测》和《2018 中国少儿体育培训家庭消费报告》分析，2019 年围棋培训行业规模估计在 350 ~ 450 亿元左右。

案例 4-1：杭州棋院

杭州棋院全称中国棋院杭州分院，是杭州市委宣传部所属的副局级事业单位。内设 3 个部门，下辖杭州市围棋队和杭州围棋学校，人员编制共 80 人。杭州棋院依靠地处杭州市江干区钱潮路的天元大厦这个围棋运动商业综合体为保障，在包含围棋培训等工作领域做出了令同行艳羡的成绩。棋院连续多年在全国职业棋手定段赛中揽下定段名额总人数的大半壁江山，据统计，棋院 7 年已经培养职业棋手 72 人。

杭州棋院利用政府支持和市场化运作的优势，努力实现棋院运营的良性循环。在政府政策支持的基础上，棋院通过所属的其他围棋产业项目刺激围棋培训业务成长，围棋培训的发展反哺了其他围棋产业项目的健康发展。目前，杭州棋院已经形成了中国棋文化博览会、品牌赛事、职业和业余围棋教育培训等多个业内知名项目。

三、围棋培训业存在的问题

围棋教育培训行业痛点突出，普遍存在规模小、招生难、缺师资、管理差等问题和挑战。

（一）机构规模小

围棋培训行业机构规模小的主要原因：首先，观赏性不足。围棋较于其他培训项目的认知度和辨识度较低，往往不是家长的首选，家长选择培养儿童兴趣的项目时，表演性较强的、能够得到外在展示的项目更受家长们的青睐，如音乐、美术、舞蹈等。其次，围棋入门简单有趣，真正提高水平却很难。一方面，传统的围棋教学模式对于儿童学棋兴趣的保护不到位，致使很多儿童学习1-6个月后失去兴趣，不再继续学习。另一方面，每个孩子的时间和精力非常有限，不能同时参与过多的培训课程。围棋培训机构要面对的最大竞争对手不是同类机构，而是其他内容的培训机构，更为广阔领域的竞争。第三，成本压力较高。招生、房租、人力成本占比较高，培训机构若邀请知名棋手担任教练则成本更高，利润会受较大影响。第四，行业发展时间尚短。从20世纪90年代发展至今仅有30年左右的时间。

（二）管理不规范

当前围棋培训机构多为个体老板的家庭式运行管理，管理内容和手段相对粗犷，组织化水平低，老师既要教课又要招生，缺少专业经营管理人才，难以支撑规模发展。

收费乱象是管理不规范的最大弊病，培训机构提供各自的收费价目表，但未形成自己的收费体系。小机构的优惠、折扣、超低价活动组织无序、随心所欲，部分参训者表现出的观望不定和投机心理加剧了机构之间的压价、砸价招揽学生的恶性循环。

与此同时，地方行政部门和围棋管理组织缺乏对围棋培训市场和培训机构的有效监管和引导。有些围棋管理组织未能遵循《国务院办公厅关于规范校外培训机构发展的意见》的基本要求，制定统一的围棋监管标准，统一的定级定段、升级升段的比赛标准，无法保证参训者按流程一步一个脚印地前进，以保护其学棋兴趣。

（三）师资缺口大

师资力量薄弱现象长期存在，一些传统机构开展教学的教师业务水平较低，仅为业余初级水平，有的机构为了降低成本甚至专门招聘零基础的教师，对其进行3-10天的超短期培训，便迅速上岗执教。同时低水平的教师由于水平受限，只能通过拖慢教学进度、组织非正式的比赛来促进学员续费，以达到盈利目的。

师资总量严重不足是普遍情况，各地区师资分配不均导致中西部地区原本就捉襟见肘的师资配比雪上加霜。据统计，围棋培训师资中职业棋手教师部分，80%高水平的职业棋手居于北京、杭州，余下20%中有九成在一线城市，除一线城市外，高水平学生缺乏接受职业棋手指导学习的机会。

师资缺口的极端紧迫性也导致了培训机构在招聘教师时，过度强调聘用人员的围棋水平，却无暇顾及所聘用人员是否热爱教育事业，是否具有良好的思想品德和相应的培训能力。

（四）同质化竞争

各个围棋培训机构的规模尽管存在较大差异，但是大多数围棋培训机构的招生模式、试听课风格、各个级别的课程设置、营销策略，包括学员续费、缴费等体系千篇一律。围棋培训机构缺乏自身的核心价值、特点和辨识度。

综上所述，围棋培训业目前存在的问题依然较多，这与围棋培训在21世纪以来的快速发展有关，步子走的快了，很多暴露出来的问题还没有完全解决。马克思指出："即使探索到了本身运动的自然规律，它还是既不能跳过也不能用法令取消自然的发展阶段，但是它能缩短和减轻分娩的痛苦。"因此，只有通过科学的围棋培训经营与管理才能减少行业急速扩张带来的副作用，引导围棋培训业健康良性发展。

第二节　围棋培训的经营管理

一、围棋培训经营管理的主体

培训是一种有组织的知识传递、技能传递、标准传递、信息传递、信念传递、管理训诫的行为。它是一种特殊的实践活动形式，其之所以特殊就在于培训所指向的培训对象的特殊性，一般的人类实践活动所指向的对象往往是自然界或者物，而培训的对象是人。

近年来，围棋培训业出现大量投资主体，包括政府、企业、社团、自然人和专业投资者等，这些围棋培训机构或组织以股份、承包、租赁等多种形式经营，形成了我国多元化的围棋培训主体。虽然我国围棋培训业还处于发展初期，但从目前市场的总体情况看，越来越多的社会力量进入围棋培训行业，围棋培训机构的类型也呈现出多样化的特点。

（一）按机构的性质划分

1.公立非营利性围棋培训机构

政府主办的公立围棋培训机构或组织主要包括全国体育总会、各级围棋协会等。这些公立围棋培训机构或组织的重点工作是为培养和选拔输送竞技运动后备人才，有效增加围棋人口，促使围棋培训消费的多元化等。目前此类机构的日常管理与公共服务能力不足，难以满足大众的围棋培训需要。

2.私立营利性围棋培训机构

当前围棋培训市场涌现出大量由社会力量投资建立的私立围棋培训机构，这类围棋培训机构主要以营利为目的，在市场上种类和数量繁多，占围棋培训市场供给主体的绝大部分。商业性围棋培训机构由社会资本通过购买或租赁场地的形式投资运营，以市场需求为导向，通过市场竞争赢得企业发展空间。我国商业性围棋培训发展历史较短，大部分围棋培训机构规模较小。

3.民办非企业类围棋培训机构

围棋类民办非企业单位（简称"围棋民非"）是指企事业单位、社会团体和其他社会力量和公民个人利用非国有资产举办的，不以营利为目的，以开展围棋活动为主要内容的民办中心、院、社、俱乐部等社会组织。自国务院1998年颁布《民办非企业单位登记管理暂行条例》以来，围棋民非在我国发展较快，主要以非营利性围棋俱乐部的形式运营。围棋民非类培训机构的性质介于公立和私立类体育培训机构之间，属于非营利组织，但发起资金来源于私人。这类围棋培训机构作为实体性、公益性的社会组织，对社会提供的服务是连续性、经常性的，面对的是更加广阔的群众体育。围棋民非凭借机构的非营利性质，能够顺利走进社区和学校开展围棋培训服务，掌握广阔、稳定的培训生源，但同时又受非营利性质的制约，往往通过谋求社会赞助、推动公益职业化等方式维持长期发展。

（二）按服务对象划分

B2B模式。围棋培训的B2B模式是指进行商务交易的供需双方都是商家（或企业、公司），它们使用了互联网技术或各种商务平台，完成商务交易的过程。在围棋培训经营活动中，B2B 模式近些年已经悄然进入了大众的视野，频繁出现在企业、公司，员工团体培训或是为围棋培训提供服务外包。目前以面向围棋培训机构提供管理系统或教学平台的形式为主。

B2C 模式。B2C 模式原本也是电子商务的概念，使用于围棋培训经营中却非常契合。简而言之，围棋培训的 B2C 模式就是"商对客"，也就是通常说的直接面向消费者销售产品和服务的商业零售模式。我国当前的围棋培训经营模式以 B2C 模式为主。

（三）按授课方式划分

线上培训。随着互联网技术渗透到各行各业，围棋培训也开始借助网络平台进行培训，如网络授课、网络指导棋等。2004 年初，在内地诞生了第一个网络培训组织——技击网络围棋团队，他们地处西北地区，采用"指导棋 + 复盘"的教学模式面向东南沿海地区或者境外授课，有效地解决了东南沿海地区和境外缺乏优秀的围棋教育资源的现实问题。从那时起，网络围棋培训如雨后春笋般蓬勃发展，诸如爱棋道、有道纵横、聂卫平围棋道场等机构，运营良好，效益可观。

2020 年上半年，新冠肺炎疫情席卷全球，教育培训行业也不可避免受到重创。棋类培训在受到冲击的同时，纷纷开始"触网"，围棋培训在信息化方面迈出了一大步。虎牙直播、微博视频、99 围棋、弈客少儿围棋等围棋直播或教学平台受到热捧，并多次进行软件迭代升级以满足用户的需要。2020 年 2 月 12 日，世界围棋冠军柯洁在清华大学"宅家"云学堂微博直播中获得了 239 万次的观看量，这在之前是无法想象的。

线下培训。尽管线上培训已经成为围棋培训中不可或缺的组成部分，但是教育培训因其面授指导的优越性以及围棋作为对弈类项目的交互特性，传统的线下培训依然是围棋培训的主流。同时，随着围棋教育政策环境趋好，城乡居民可支配收入上升，越来越多的家长为子女进行教育投资，催生了围棋培训机构的发展，大大小小的围棋培训机构进军了课外培训市场。

（四）从教学模式上划分

课外兴趣班培训。即学生利用课后时间在专门的培训机构开展学习，在围棋培训领域又包括一对一教学和一对多教学两种形式。

一对一教学是指一名围棋教师对一名学员进行单独培训辅导教学。其优点在于有针对性的个性化教学，教学质量得到了较好的保障，但一对一教学对教师时间、场地使用坪效等造成了负面影响，导致利润率偏低；一对一教学教师收入又难敌大班教学，优秀教师心存芥蒂；家长所支付费用也相对较高，一般家庭不具备长期承载力，力所不能及的短期辅导背后往往暴露出家长脱离现实的期望值。因此，一对一教学通常针对时间选择有限、经济能力优越的家庭。在冲刺高段位和希望在比赛中取得好成绩的学员亦有可能考虑一对一辅导。

一对多教学是当前围棋培训机构采用的主要教学模式，是指一名围棋教师面向多名学员进行培训。优点在于同一时间同一场域可以为多名学生提供服务，且该模式下易于保障教师收入，能够吸引留住高水平教师。缺点是教师对多个学生关注不均衡且有限，为水平不一的学员同时授课在一定程度上影响教学效果。

我国围棋培训经过多年探索，形成了以下共识：a.启蒙4人可开班；b.非段位水平开小班；c.有段水平开大班，原则上不超过20人；d.培训对象水平提升，课堂教学人数扩大。以上这些已在广大围棋培训机构中形成习惯并沿用至今。

校本课教学。在多方努力下，围棋已经作为许多小学的校本课被传播推广。围棋校本课通常参与的学生人数可达到50人，与小学的自然班人数一致。校本课教学的场地往往就是小学生平时上课的教室。教学时，在教室黑板方向放置大盘，教师辅以多媒体设备进行授课。校本课教学在启蒙和低段阶段是围棋培训和扩大围棋人口的有效补充，但当受训者达到一定水平时，校本课就较难满足受训者进一步提升围棋技能的需求。往往这个时候，受训者会转向围棋培训机构参与一对多甚至一对一教学。

（五）从培训对象的特征划分

少儿培训。少年儿童是围棋培训的主要对象。少儿在形成认知的最佳阶段参与围棋学习有利于提高学棋速度，能够培养少儿耐心、细心的精神品质，有利于远离手机、游戏等影响健康的项目。因此，在各地举办的段（级）位赛中，几乎演变成了少儿段（级）位比赛，从一个侧面反映出少儿围棋培训的繁荣。

成人培训。随着我国物质生活保障不断完善，人民大众的生活需求逐渐转向精神文化层面，围棋作为传统四艺之一受到了成年人选择业余爱好、充实生活时的青睐。成年学习者的学习方式较为灵活，采用一对一、线上、不定期到培训机构参与辅导的方式居多。还有一部分成人学习围棋源于陪子女参与围棋培训时自己也产生了兴趣，并开始参加培训学习围棋。

除以上几种划分维度之外，围棋培训经营还可以按业务范围，划分为综合型和单一型，按市场范围划分为全国性和区域性。

二、围棋培训运营理念

运营的核心在于洞察客户对于产品的需求，是经营管理开展的逻辑前提。厘清围棋培训业运营理念有助于我们了解培训机构业务活动的结构和关系，了解培训机构如何通过内部程序和基本结构创造价值的过程。当前影响我国围棋培训机构运营的核心要素包括教师师资、受训者、技术等，我们从围棋培训机构在组织和运用各类围棋培训资源的形式或理念方面的不同，可将围棋培训业运营模式分为以下3种。

（一）以师资智力资本为核心的运营理念

围棋教师作为提供围棋培训服务和传递价值的主体，直接影响着培训课程方法、设施运用、风险控制和培训质量等多个环节，围棋教师也是围棋培训机构成本支出的重点。我国围棋培训企业或组织长期以来大多采用以师资为中心的单一运营模式。围棋教师是消费者选择围棋培训机构的首要因素，围棋教师的围棋水平和资格是消费者最为关注的指标。围棋教师俨然成为围棋培训业的超白金资源，知名围棋教师成为各培训机构争夺的对象，师资式围棋培训模式融合了现代认知学习新理念，从围棋教师定岗和培训方法着手构建现代师资模式体系，形成自我供血能力，以保证围棋培训机构规模化扩张发展的需要。

（二）以用户占优的运营理念

用户是围棋培训服务的对象，也是围棋培训机构的利润源头。用户或生源问题是围棋培训的核心资源之一，尤其对新成立的围棋培训机构而言，生源问题最为关键。许多围棋培训机构采取终端用户培训付费为主的2C模式，即公司向客户提供围棋培训、设备销售、组织比赛等服务实现收入，贯彻该理念主要通过线上的广告投放、线下地推、赛事传播等方式直接对消费者市场进行开发与拓展。

（三）以线上资源整合为主的运营理念

互联网已成为企业颠覆传统价值创造方式的有效途径。许多传统围棋培训企业全面依托互联网实现大数据、云计算等新一代 IT 技术，使传统围棋培训企业获得新的发展活力和能力。例如，培训机构通过 App 平台吸引商家和用户加入，以多种方式促进商家与用户在平台上交流，完成相关交易。平台则根据商家、用户数量、平台达成的交易量及用户使用操作习惯等增加营业收入。

三、围棋培训经营模式

教育培训业的经营模式因产业链位置、业务范围、实现价值方式等不同视角呈现出诸多样式，围棋培训机构按照各自发展阶段和地域特点进行选择和内化。以下介绍几种近年来在围棋培训业中被广泛采纳的模式。

（一）连锁经营

连锁经营是当前围棋培训业中最为常见的一种商业组织形式和管理模式，包括自由连锁、加盟连锁和直营连锁三种。当前国内围棋培训连锁经营的发展层次不高，部分培训机构形成区域化小型连锁，但与真正意义上的连锁经营还有一定差距，受国内围棋培训机构在市场推广、品牌塑造、专业技能教育培训及管理运营水平所限，暂未形成一套成熟的、操作性强的连锁经营模式。

（二）阿米巴经营

阿米巴经营管理模式的最初实践者是京瓷公司的创始人稻盛和夫，意指企业中的员工如同阿米巴虫的群体行为方式一样，成为企业主动参与经营的主角。连锁经营的普及为阿米巴经营创造了社会条件，而围棋教师的知名美誉度则为该模式有效实施提供了人才保障。部分退居二线的围棋选手进军教育培训行业后，成为培训机构的教研骨干甚至管理人才。机构根据发展需要，逐步将这类人才培养成为企业的合伙人，对其赋予股权和独立利润核算。

（三）在线经营

随着互联网技术的发展和普及，围棋培训方式逐渐转变，在"互联网＋"的环境下，围棋培训方式更加多元化和生活化。一些企业开始提供线上围棋培训项目的 APP 平台，其核心功能是通过整合上游端的围棋资源，为下游端学员、围棋爱好者提供围棋培训项目课程、新兴围棋项目体验课、围棋比赛服务等多种服务。同时，也为围棋培训的供给方和需求方搭建一个平台，供需双方可以在平台上寻找自己需要的信息并达成交易，从而解决围棋培训各端信息不对称的问题。在线经营在现实中往往以线上线下融合经营方式呈现。将线上线下培训贯穿融合，打造线上流量加线下场景的围棋培训服务全产业链的创新模式成为当前围棋培训机构的首要选择。

（四）"培 + 赛"经营

"培 + 赛"经营是"围棋培训 + 配套赛事"经营的简称，属于多元化经营模式的一种，不仅为围棋培训项目提供了一个明确的评价体系，而且有益于受训者对学习效果产生良好的自我认知，进而使培训成效得到客观检验和评价。配套赛事包括培训机构内部赛事和外部赛事。一些自身规模较大、学员数量众多的围棋培训组织建立了内部赛事，学员可快速感知和检验阶段性学习情况。定期参与外部赛事是围棋培训机构进行自我检视的手段，机构遴选成绩优异的学员参与各类不同规模和级别的外部赛事，验证培训效果并优化培训方案。

四、围棋培训的业务内容及拓展模式

（一）业务内容

课程培训。通过教材、教学、研发、营销四位一体的结构，针对少儿智力发育的不同阶段，结合最新教育理论成果和围棋教育功能，为学员提供完善的"围棋 + 素质教育"培训课程产品。

出版发行。标准化教材、教具以及周边产品、数字化产品的研发和销售。

师资培训。与高校、教育机构合作开发围棋教师速成教育，向教育专业的毕业生提供围棋培训，培养适合围棋启蒙、初级阶段教育的熟悉儿童心理、具备教育特长的专业老师。

精英辅导计划。针对具备较高围棋天赋的小棋手给予专业化的评估，制定个性化的教育课程，并参与到相应赛事体系中，赛学结合，帮助小棋手迅速成长。

在线教育。通过"互联网 + 教育"的模式，基于线下内容设计在线产品，通过互联网平台获得用户再导流线下教育，实现教育的互联网化。

托管中心。适应于年轻家长的需要，向家长提供日托服务，满足白领群体家长的需求。

（二）业务拓展模式

业务分销拓展分为三级市场，对应合作模式也分为三种。

1. 一级市场：按政治地位、经济实力、城市规模、辐射力划分，政治中心、经济中心、区域中心城市、直辖市、省会城市等。业务拓展合作模式：区域代理、中心托管、品牌加盟。

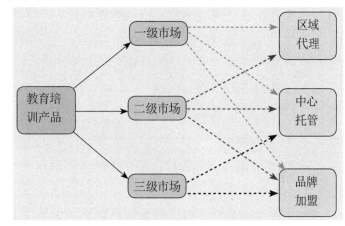

2. 二级市场：所有的地级市。业务拓展合作模式：区域代理、中心托管、品牌加盟。

3. 三级市场：所有县级市或县城。业务拓展合作模式：中心托管、品牌加盟。

4. 区域代理：被授权一个区域作为独家品牌代理商，可开拓各点经销商进行分销。

5. 中心托管：对围棋机构或教学点管理外包、课程开发外包、教具、人员培训外包等托管合作模式。

6. 品牌加盟：授权使用加盟公司品牌进行统一运作管理模式、统一视觉形象的围棋机构或教学点。

五、围棋培训机构的管理策略

（一）业务组合策略

1.围棋培训产业链

（1）棋手培养机制能为赛事提供年轻有天赋的棋手。

（2）线下培训网点一旦铺开，能够成为互联网重要的线下入口和内容来源（包括在线教育、对弈、在线比赛等）。

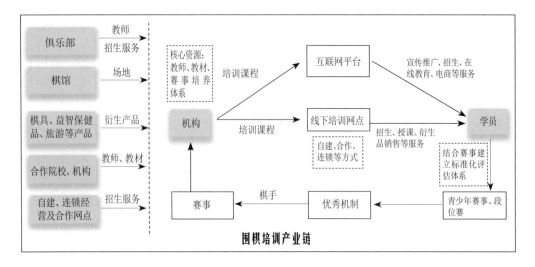

围棋培训产业链

（3）培训网点能成为衍生品销售的重要节点。

2.业务组合策略

规划企业业务组合的一个有用步骤是识别和区分企业的战略业务单位，并对所有战略业务单位的盈利潜力进行评价。一般来说，战略业务单位应满足以下条件：是一项业务或几项相关业务的集合；有一个明确的任务；有自己的竞争对手；有一个专门负责的管理人员；由一个或多个计划单位和职能单位组成；能够从战略计划中获得利益；能够独立于其他业务单位自主地制订计划。结合这些要素，围棋培训业务组合策略可以如下：

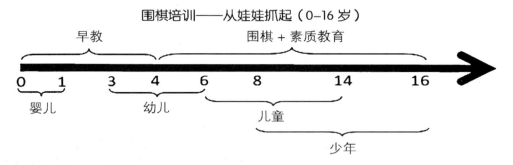

（1）围棋培训主要为少儿培训，即0-16岁年龄段"围棋＋素质教育"培训。

（2）围棋培训可以分成启蒙、初级、中级、高级和段位五个层次。如果把业务按照核心层、紧密层和松散层划分。最核心的业务为中级以上高级和段位的围棋培训业务。

（3）启蒙和初级教育定位为大众教育，以广撒网、大规模、标准化和可复制为特征；中级、高级和段位为精英教育，由高水平的老师甚至俱乐部现役高段位棋手一对一开展辅导，并通过比赛积累经验，不断提高竞技水平。

（4）围棋的启蒙、初级教育和早教、素质教育都可以定位为紧密层业务。紧密层业务可以进行股权合作。

（5）围棋特色旅游、衍生品销售、电子商务等业务为松散层业务。松散层业务允许各类机构和品牌嫁接到机构平台中，在丰富机构平台内容的同时还能带来流量；而培训网点则作为线下主要的销售渠道和服务体验中心。

上述业务模式的优势：首先，以包含早教的素质教育作为培训的起点，便于开拓市场，可以借助俱乐部渠道以及战略合作、加盟商等形式得到迅速复制。其次，围棋不仅是与素质教育天然具备完美契合点的运动项目，更以中华民族四千年传统文化底蕴作为积淀，可以与许多教育课程实现有机融合。因此，以围棋作为主题的"围棋＋素质教育"培训模式是具备广泛操作和想象空间的。最后，以大众教育推广围棋运动，持续增加围棋人口。

（二）营销策略

市场营销管理就是围棋培训机构为了实现其任务和目标而发现、分析、选择和利用市场机会的管理过程。具体包括，分析市场机会、选择目标市场、设计市场营销组合以及执行和控制营销计划。市场营销管理是否奏效，已经成为围棋培训机构能否发展壮大的最重要因素。目前，围棋培训机构在进行营销策略的设计中，主要从产品策略、价格策略、渠道策略、宣传策略四个方面制定相应的 4P 组合营销策略。

第一，制定好产品策略。围棋培训机构提供的产品是针对围棋培训市场中对学习围棋有需求的消费者开展围棋培训服务。围棋培训机构对"围棋培训服务"的提高和完善是围棋培训营销的核心环节。因此，注重围棋培训教学产品的特色开发，不断创新课程形式是围棋培训机构吸引不同需求消费者的重要策略。在具体教学产品设计中，围棋培训机构通过对培训的模式、培训的目标、培训对象的特征划分提供不同的课程设置，提升将咨询者转化为参训者的概率。例如，为老学员提供围棋夏令营、冬令营等活动。在日常围棋教学之余，加强围棋文化教育以及提供更多的围棋交流活动等方式，丰富围棋培训产品内涵，提高产品粘度。

此外，教学产品的消费环境也十分重要，教学环境是消费者对围棋培训机构的第一印象。例如，某围棋培训机构在人工智能兴起的背景下，引入 AI 教学模式打造科技感十足的 AI 教学馆，将几千年的传统国粹与现代人工智能完美结合。AI 教学馆的成立让孩子们在高效的学习中与科技接轨，还可吸引不少未接触过围棋的潜在消费者前来咨询。

第二，策划好价格策略。价格事关利益各方，甚至直接决定了教学行为是否能够发生，因此制定良好的价格策略是营销管理的重要环节。定价的目标是促进销售，获取利润。这要求既要考虑成本，又要考虑市场对价格的接受能力。好的价格策略要包括对与定价有关的基本价格、折扣价格、津贴、付款期限、商业信用以及各种定价方法和定价技巧等可控因素的组合和运用。

围棋培训机构往往采取供需定价法和竞争定价法。供需定价法是根据围棋培训需求的大小来确定价格。高价培训可以为教育培训机构带来更多的利润收入，而低价培训可以扩大对教育培训的需求。竞争定价法是出于竞争的考虑，可以采取高质高价来树立有别于其他培训机构的良好形象，也可以采取同质低价来提高培训机构的市场占有率，以确保其在长期竞争中的有利地位。

此外，还有部分培训机构采取成本定价法，即依据产品的成本决定其销售价格的定价方法。其主要优点在于：涵盖所有成本；依据目标利润制定；广泛使用的理性定价方法；易于理解和使用。其缺点在于：成本导向定价是基于提前预估成本所制定，如果实际生产发生改变则会直接导致成本发生改变；如果企业成本高于竞争者，使用此方法会造成企业竞争力不足；它忽略需求价格弹性；它对于某些企业目标，如市场渗透、对抗竞争等行为帮助有限；此方法可能会使定价策略丧失灵活性。

第三，选择好渠道策略。围棋培训机构的招生途径主要有围棋入校园、转介绍、地推招生、互联网宣传（公司网站、论坛、视频网站等）、微信（朋友圈和公众号）、异业合作等方式。

目前，围棋培训机构的招生较多依赖于与校园关系，机构市场推广能力普遍较弱，没有专门的市场团队，老师既要教课又要招生，不利于机构的市场拓展。只有部分规模较大的机构建立了独立的市场团队，凭借其强大的渠道能力，在全国范围快速扩张。

第四，实施好宣传策略。

地推策略。传统的围棋培训主要以地推发传单、口耳相传等方式开展宣传，在宣传方式上较为局限，宣传效果也不甚理想，使很多对围棋培训观望的群体没有走进培训领域里来，这不仅限于围棋，是教育培训行业的通病。近些年，围棋培训机构开始意识到了宣传推广的重要性，摒弃了"酒香不怕巷子深"的固有思维，主动在宣传推广策略上做文章。许多大型围棋培训机构将年度盈利的 10%—20% 投入到下一年度广告宣传工作中。通过网站、微信、户外广告等宣传，营造良好的围棋学习氛围。机构与机构之间加强合作，形成利益共同体，集体包装相互推荐，形成良好的宣传推广风气。机构自身加强管理，规范接待人员的着装、言行，及通过硬件提升吸引咨询人群的关注。有一定规模的围棋培训机构通过成立招生推广部，由专业人士承担宣传推广工作，抓住了招生的生命线。

关系营销策略。关系营销是建立在培训机构和客户相互信任的基础上，双方形成一种长期合作关系，使得机构能够扩大营销渠道和营销效果的策略。建立一个良好的、长期的关系营销网络能使得机构的营销做到事半功倍。关系营销在围棋培训机构中扮演重要角色，通过与学员及家长保持有效的沟通，建立良好的亲密关系，激励老学员从以往的被动介绍转变成主动向朋友推荐。在"朋友推荐"的方式下，机构招生往往具有较高的转化率。另一方面，还可与其他类型培训机构建立异业合作联盟，通过课程打包等方式开展招生，共享生源。

在建立亲密关系的同时，还需要激励制度保障。围棋培训机构可以采用"老带新"的方式，向介绍亲友、同事子女前来学习的对象予以奖励。例如老学员介绍新学员入学可享受新学期的学费折扣，新学员返还一定比例的学费等方式。

网络营销策略。网络营销是以互联网为基础，利用数字化的信息和网络媒体的交互促进课程培训的宣传，从而达到扩大营销的目的。微博营销和微信营销是互联网发展的创新型营销模式。机构通过微博平台拉近与围棋爱好者的距离，通过微信平台挖掘潜在客户市场，以网络软文的形式全面介绍自己的品牌和培训理念，主动将自己推荐介绍给消费者，使消费者在了解机构信息中，减少因不确定因素带来的阻碍，促进课程的精准推广，提高销售效果。

此外，培训机构在合适匹配的媒体上发布新闻报道或宣传文章，有实力的培训组织也可以投入一些平面广告或电视广告，网络广告也是不错的选择。

案例 4-2：结合"公益"做宣传

某区围棋协会下属培训机构在六一儿童节当天推出了 61 元学习 4 次围棋课程的活动，并承诺把 61 元学费全额捐助给贫困山区的留守儿童。经过网络宣传和推广，共有 27 名学生参与该项活动。经过 4 次围棋启蒙课程学习，其中的 16 名学生对围棋产生了浓厚的兴趣，决定长期报名学习。同时，机构也为贫困山区的留守儿童捐献 5600 元（除学费外还有爱心人士的捐款），形成了二次宣传和活动路线闭环。在当地围棋协会的年终总结中，该活动作为"围棋+公益"的示范典型受到了表彰。

（三）职能策略

1. 人力资源保障

针对当前教师队伍难以满足市场竞争需要的情况，一般采取如下策略：

第一，通过与大中专院校合作＋社会招聘的方式，制定标准化教师培训机制，大规模培养围棋启蒙、初级阶段的教师人才。

第二，通过订单式培养把具有段位教学经验和职业或业余顶尖棋手纳入教师培训体系，从而解决精英教育的教师来源问题。

第三，通过实施"导师制"及相应的激励机制，促使已有的骨干、专家教师发挥所长，帮助初级教师的棋艺逐步提高。

第四，建立完善的培训管理体系。完善包括教学管理、市场营销以及客户服务的管理体系，从而实现招进来、教育好、留得住的目标。

2. 质量保障

第一，质量标准。通过"泛质量管理"，制定统一的教学服务质量标准和管理规范，形成书面文件并系统地、有计划地开展传达和培训。

第二，质量管控。建立质量监测评估机制，定期、多方位开展评估、考核工作，控制产品或服务不合格率，及时发现和纠正存在问题，并为持续改进质量标准体系收储信息、提供参考。

3. 制度建设

实行标准化管理。首先，制定制度规范，明确每位员工的职责，集中培训、学习，推行统一的标准化管理体系。其次，通过绩效挂钩、权责分明、职责量化等方式，以学员客户的满意度作为衡量工作成效的基本标准。

创建合理的激励机制。第一，协助员工了解在本单位工作应享有的学习或晋升条件；第二，建立工作梯度目标，逐层分解任务难度，并明确完成与未完成状态的标准，切实将绩效考核与激励结果挂钩。

第三节 围棋培训的发展展望

一、围棋培训发展环境分析和推动因素

在教育培训行业整体快速高质量发展的大背景下，围棋培训行业也受到了相关政策、技术、资本方面的推动。主要体现在以下几方面：

（一）政策环境

国家体育总局印发的《体育产业发展"十三五"规划纲要》指出，大力发展各类运动项目的培训市场，培育一批专业体育培训机构。"三棋入校园""围棋高考体育单招"等政策持续推动，2018年，围棋已成为92所普通高校运动训练专业的招生项目，其中大部分为体育类院校和师范类院校，也有浙江大学、吉林大学、深圳大学等综合类院校。各地方纷纷出台了具体化政策，提高了行业渗透率，围棋培训行业成为政策红利的受益者。2020年9月《关于深化体教融合 促进青少年健康发展的实施意见》，围绕促进青少年健康成长和培养竞技体育后备人才两大任务，巩固和拓展学校、体校、社会体育俱乐部三大阵地，构建和完善健康促进、青训、竞赛三大体系。2020年10《关于全面加强和改进新时代学校体育工作的意见》《关于全面加强和改进新时代学校美育工作的意见》，明确了"中考体育要达到语数外同分值水平"。2021年7月《关于进一步减轻义务教育阶段学生作业负担和校外培训负担的意见》，让体育社会组织迎来了新的发展机遇。让更多的社会力量走进校园，参与到学校体育教育中。2022年11月，教育部等十三部门《关于规范面向中小学生的非学科类校外培训的意见》，对规范教育部门及学校引进非学科类培训机构参与课后服务作出具体要求。

（二）经济环境

围棋培训行业持续需求火热，资本源源不断流入围棋培训行业，为行业持续向好发展提供资金保证，下游行业交易规模也稳步增长，为围棋培训行业提供新的增长动力。2019 年全国居民人均可支配收入 30733 元，比上年增长 8.9%，扣除价格因素，实际增长 5.8%。居民消费水平的提升为围棋培训行业市场需求提供宏观经济保障。

与此同时，围棋培训行业得到了资本市场越来越多的关注，真朴、聂卫平围棋道场、东湖、爱棋道、优棋格、99 围棋等先后获得了不同额度的投资。据互联网披露的数据显示，2007 年至 2020 年 3 月，棋类培训领域共发生 14 起投融资事件，其中围棋投融资事件 12 起。

（三）社会因素

传统围棋行业门槛低，缺乏统一行业标准，服务过程缺乏专业的监管，影响了行业的发展。随着信息时代的来临，互联网与围棋培训深度结合，不仅体现在教学方式多元化，而且通过信息透明规整了行业标准，减少中间环节，为用户提供高性价比的服务。用户群体也从前几年的单一的青少年群体逐步发展到全年龄段的各类用户群体。同时我们应看到，越来越多的家长开始关注围棋。根据《2018 年中国少儿体育培训家庭消费调研报告》，近千名计划为子女选报其他体育培训课程的家长中，69% 的家长愿意为孩子选择围棋课程。

（四）科技因素

科学技术的发展为现代社会带来了人工智能、大数据、云计算、VR、5G 等新型技术力量，围棋培训借助新型技术将行业服务延伸到了祖国的每一片土地。围棋作为智力运动的杰出代表，其网络体验丝毫不衰减项目所蕴含的乐趣和可视性，实现了围棋培训行业体验的直观性和普及化。此外，围棋培训行业引入 EPR、OA 等系统，优化信息化管理，提升了行业运行效率。

2016、2017 年两次围棋人机大战引发全球广泛关注，对于围棋培训的进一步普及起到非常重要的作用，同时也使人工智能与围棋更加紧密地联系在了一起。

（五）文化因素

文化因素指我国社会对围棋培训形成的较为稳定的认知导向。围棋是一项历史悠久、文化内涵丰富、志趣高雅而又充满激烈竞争的高智能游戏。围棋比赛容易客观评价结果的特点也使围棋获得了较其他诸如琴、书、画等主观评价项目的更多青睐，此外，围棋项目运动员职业寿命长、相对安全的特点，使青少年家长乐于将围棋作为培训子女课余才艺的重要选择。

二、围棋培训的未来趋势

围棋培训行业经过不断竞争，淘汰掉相当一部分无法与时俱进的培训机构，未来围棋培训行业的趋势将回归教育本质，以规范化、标准化为手段，提供优质的内容和服务，注重师资水平和技术升级，打造良好的口碑。

（一）规范化、标准化管理

市场竞争将推动围棋培训行业进一步提升管理水平。围棋培训机构应有意识地借鉴教育行业成熟领域中的规范标准来制定组织内部的标准。例如实现统一课程、教材，规范的管理流程，指导性的服装、装修风格等。对于大型的，有区域划分的连锁围棋培训机构应结合当地消费水平，对组织内部标准适度调整，但应尽量达到该区域内的统一。

（二）注重品牌管理

从行业发展趋势来看，未来围棋培训领域具有统一品牌的机构将极有可能越做越大、分店越做越多，因此，围棋培训机构应该将品牌管理作为关键工作，从围棋培训机构的企业文化、办学理念、管理风格等方面入手，有意识地树立自身的品牌形象，并将其融入到日常的教学教师管理、市场营销、校区运营管理等环节中。

（三）注重线上和线下的联动

"互联网+"助推了围棋培训市场的快速发展，利用科技不仅能强化教学和管理，甚至可以产生颠覆性的商业模式。

教育领域已经在推动线上线下联动的发展模式，围棋培训领域也将出现传统线下围棋培训机构和互联网围棋培训机构的融合。通过引入新技术、新设备、新理念在围棋教学上的应用，结合传统方式与最新技术，让受训者享受多元化的学习。

内容

- 在线下的教学场景中,教育内容通常是以教材为核心的教学、评测体系。
- 在线上,以课件和课后的练习评测则成为了内容的核心。

师资

- 标准化课程的推广虽然有助于弱化师资个体的影响,但是名师效应依旧十分显著。
- 现阶段机构均着力打造自己的师资团队,无论是培养还是招募。

技术

- 大数据和 AI 技术将是行业趋势,教育培训行业的目的是通过智能化解决方案提供更科学的学习体验。
- 强大的大数据、人工智能技术是实现上述的基础支持。

图 4-1　未来围棋培训行业的竞争核心

(四)围棋培训机构的资产证券化步伐将进一步加快

2008 年以来,有 25 家线下素质教育连锁培训机构上市,而仅 2018 年上半年就有 15 家上市挂牌。可以预计,到 2028 年资产证券化的热潮将使更多围棋线下连锁培训机构走向资产证券化,从而利用资本的力量加速围棋培训产业的快速发展。

案例:4-3 爱棋道(线上教学)

爱棋道是国内首家专注于围棋在线教育的网上学校,以独创的在线视频课堂技术,自主研发的教材与教学方式,为学生们提高围棋水平提供了超越传统学习方式的全新途径。2016 年 5 月,由著名棋手王煜辉七段创办的围棋在线教育网络平台"爱棋道"完成了 Pre-A 轮融资,估值为 4000 万元。目前,这个平台有 30 位独家签约的职业棋手"名师",其中包括柯洁、时越、唐韦星等 6 位世界冠军。

爱棋道采用在线直播大班课 + 小班课模式进行教学,训练课程分为系统训练和专项训练两大类。其自主研发的"专项训练"课程涵盖了定式、计算、布局、中盘、死活等技术点,覆盖 6K—9D(业余 1 段到业余 5 段),相当于应试教育中从"小学"到"大学"的阶段,但不涉及"幼儿园"这一启蒙阶段。爱棋道独有的学习体系,包括十二级课程体系、LPE(learn, practice, exercise)训练方法,为每个小棋手提供个性化的教学服务,更有效帮助小棋手学习和提高。

爱棋道背后强大的技术团队为该公司的发展奠定了良好基础，建立了较高的行业壁垒。其中，在线视频课堂技术为爱棋道独创，也是其发展的竞争优势，为学生提供了超越传统学习方式的途径。

【复习思考题】

1.围棋的培训方式有哪些？各有何特点？

2.围棋教育与培训有哪些营销方式及难点？

3.对于围棋教育与培训营销的策略，你有什么新的想法？

第五章　围棋用品用具及文化创意衍生品

本章导读：

　　本章主要介绍围棋用品用具的分类及发展趋势，重点阐述围棋用品在日常使用、美学价值、收藏价值及智能化发展方面的特性，同时对新兴的围棋文化创意衍生品进行概要介绍，并分析衍生品发展现状及其市场营销手段。

学习目的：

　　1.了解围棋用品用具的分类。

　　2.对围棋用品用具在收藏与智能化发展方面的趋势进行分析。

　　3.了解围棋文化衍生品的分类。

　　4.了解围棋文化衍生品的营销方式。

第一节　围棋用品、用具

一、围棋用品、用具概述

　　围棋用品、用具承载着围棋文化丰富的内涵，并能反映时代的审美风尚。这可以从围棋的名称上体现出来，围棋又被称作方圆、黑白、乌鹭、楸枰、星阵等，这些名称与围棋用品、用具密切相关。黑白、乌鹭是以棋子的颜色代指围棋，楸枰是棋盘，星阵则指一颗颗棋子布于棋盘上，犹如星星在周天排列阵势，而方圆则是指棋盘、棋子。

围棋用品、用具有各种各样的分类，根据《中国围棋规则（2002）》规定，按照使用功能划分的类别主要包括棋盘、棋子、计时钟、秒表及比赛用桌等。考虑到现在的棋钟已经具有计时、秒表的功能，所以本节主要介绍围棋用品、用具中的棋盘、棋子及棋钟。

（一）棋盘

棋盘主要分为中式、日式和韩式。从面积来看，中式棋盘面积为49cm×46cm，日式棋盘面积多数为46cm×43cm，韩式棋盘面积多数为45.5cm×42.5cm。

从棋盘的具体数据来看，以中式棋盘为例，标准的中式围棋盘略呈长方形，由纵横各19条线组成，19×19形成了361个交叉点。横线等距离为2.3～2.4厘米，纵线等距离2.45～2.55厘米，棋盘外侧留有2.5厘米边线。棋盘的颜色为鹅黄色，配黑色线条。比赛棋盘的厚度一般在2.5～5.5厘米之间。此外，为了便于判断位置，在盘上标列了9个小圆点，称为"星"。

围棋棋盘发展经历了漫长的演变。据棋史学家研究，我国围棋棋盘在历史上曾发生过两次重要变化。

图5-1 甘肃永昌鸳鸯池出土的棋盘纹陶罐

第一次发生重要变化的时期是魏晋前后，这时的围棋棋盘已经由10道、13道、15道，基本稳定为17道、19道。在原始社会末期的陶器上，一些图案被考古专家称为棋盘纹图案，这些图案线条匀称，格子整齐，颇似现代的围棋盘。如甘肃永昌鸳鸯池遗址出土的原始陶罐彩色图。陶罐上绘有纵横各 10 至 13 道类似围棋盘的图案。仰韶文化时期的彩陶上也有类似图案。

已知最早的围棋棋盘出土实物出自西汉。在陕西咸阳西汉中晚期甲 M6 墓葬中出土石棋盘一件，长 66.4 厘米，厚 32 厘米，四角的铁足高 48 厘米。棋盘面磨制光滑，以黑线画出棋格 15×15 共 225 格；四铁足呈不规则圆形，位于棋盘面的四角。也有观点认为南昌西汉海昏侯墓 1 号主墓出土的围棋棋盘为最早的围棋棋盘实物。

考古学家也曾发掘出西汉时期 17 道的围棋棋盘。1998 年，考古工作者在对陕西汉阳陵南阙门遗址的考古发掘中，发现了西汉陶质围棋棋盘。此棋盘外观略有残损，呈不规则五角形，其长 28.5 厘米至 5.7 厘米，宽 19.7 厘米至 17 厘米，厚 3.6 厘米。棋盘两面均为阴刻直线，有纵横线各 17 条。

至东汉，不仅有出土的围棋棋盘实物，而且文学作品中也出现了对围棋棋盘的描述。马融在《围棋赋》中描述道 "三尺之局兮，为战斗场"（汉时一尺约合 23.5 ~ 24 厘米）。

三国时魏邯郸淳《艺经》说 "棋局纵横各十七道，合二百八十九道，白黑棋子各一百五十枚" 也佐证了 17 道围棋盘地位。

南北朝时期 17 道棋盘已流行于民间，成了该时期的通行制式。南北朝时期的民间歌谣《读曲歌》曾这样描述："坐倚无精魂，使我生百虑。方局十七道，期会是何处？"

关于 19 道棋盘何时走上历史舞台有不同的观点，主流观点认为在三国时期 19 道棋盘已开始流行，依据是北宋棋待诏李逸民《忘忧清乐集》中，收集有 "孙策诏吕范弈棋局图谱"，该图谱就是 19 道的。另外，还有 "晋武帝诏王武子弈棋局图谱"，也是 19 道。

总之，三国两晋到南北朝时期，17 道围棋和 19 道围棋都在流行。三国时期，17 道围棋主要流行于北方，19 道围棋主要流行于南方，特别是吴国的宫廷中。

第二次重要变化发生于唐宋时期，棋局以 19 道作为主要制式。1959 年 5 月，我国考古工作者在河南安阳豫北纱厂附近发掘了隋开皇十五年（公元 595 年）张盛墓，墓中出土了一件瓷制围棋棋盘，此棋盘为正方形，盘面每边长 10.2 厘米，高 4 厘米，盘上刻画许多小方格，纵横线各 19 条。这是迄今发现最早的 19

道围棋盘实物，现收藏于河南博物院。

1973年，新疆吐鲁番阿斯塔那唐代墓葬中出土了一件木制围棋盘，棋盘带方形底座，每边长18厘米，高7厘米，底座的每边掏出两个壶门，颇为考究。棋盘表面磨制得十分光滑，纵横线各19道，共361个交叉点，据此推测此墓主人生前是一位围棋迷，死后用围棋盘随葬。此文物现收藏在新疆维吾尔自治区博物馆。

值得一提的是，在日本还保存有唐代的围棋棋盘，被称为

图5-2　张盛墓19道围棋盘

图5-3　唐代画紫檀围棋

"正仓院的宝物""最古的棋具"。该棋盘由紫檀木制造，呈盒形。棋盘线路由牙质精工镶成，在十九道的盘面上嵌有十七个星位。棋匣状如抽屉呈龟形，制作精良。

为什么19道围棋盘成为主流制式？有人曾做过计算，"在十七路盘上下棋，围三路共需48子，围出112目，平均每子的价值为2.33目，围四路需40子，围出81目，每子价值为2.03目，子效差值为0.30目，三路有利；十九路盘，围三路56子，136目，平均每子价值为2.43目，围四路48子，121目，平均每子价值为2.65目，子效差为0.22目，四路有利。"他接着为了突出19道棋盘的子

效，还分析了 21 道棋盘围棋子力的优劣，最后得出结论："十九路盘是最佳路数，因为它在三、四路间落子，其子效差最为接近，在守地与取势之间最为均衡。"

（二）棋子

目前我国统一规定围棋子标准为：直径为 2.25 厘米～2.35 厘米，厚度不超过 1 厘米。比赛用棋子大小、颜色一定要统一，不得有异样的棋子出现，对材质和形状并没有具体要求。但从围棋子的发展历史来看，围棋子的材质和形状是围棋子历史演变的主要因素，具体围棋子的发展历程大体可以分为三个阶段。

唐朝前围棋子材质主要是石材，形状以扁圆形、两面鼓为主。

关于围棋子的材质，从当时棋被写作"碁"可见端倪。此外，1975 年，山东邹县西晋刘宝墓曾经出土 289 枚围棋子，其材质是黑白鹅卵石子经加工磨制而成。

在石材质之外，也有"犀角象牙""白瑶玄玉"，甚至陶土等材质，虽然陶、瓷等材质相对于石材质而言，制作简便，形状可塑性强，但受到唐朝之前生产技术水平的限制，其他材质的实用和经济远不如石材质，因此石质围棋子比较流行。

从北宋至明朝末期，围棋子进入了第二个发展阶段。围棋子的材质从唐朝之前的石材为主发展为以陶、瓷材为主；形状也发展为以两面平的扁圆形为主，有些棋子还出现了装饰性图案。

这种变化的产生与当时的生产技术发展水平是密不可分的。宋代瓷器的生产水平发达，使生产瓷质黑白围棋子变得简单可行，推动陶、瓷成为围棋子的主流材质，为围棋的普及提供了支持。

从出土的实物看，宋元时期瓷质围棋子的生产技术已经相当成熟，围棋子成品已能达到最理想的黑白分明的效果。生产技术也对围棋子的形状造成影响，陶瓷产品制作工艺的特点决定了用同样一团泥做成两面平的棋子，要比做成两面鼓的棋子简单方便，工匠们为了提高生产效率，逐渐将汉唐围棋子两面鼓的形状做成了双面平形状。此外，还出现了在棋子上印双鸟、牡丹等花纹作为装饰的现象。

明末以后，围棋子进入成熟阶段，玻璃逐渐走上舞台，成为围棋子使用的主要材质；围棋子的形状也逐渐稳定为下平上鼓的形状。

玻璃成为围棋子的主要材质与明朝末年西方先进的玻璃生产技术传入中国密切相关。明末清初比较有名的生产地有两处：一处是山东颜神镇（今淄博市博山区）。清初孙庭铨于1665年出版的《颜山杂记》提到颜神镇的"围棋子"。另一处是云南永昌，出产的玻璃围棋子就是著名的"云子"，又称为"永子"，得到了极高的赞誉。徐弘祖在《徐霞客游记》中说道："棋子出云南，以永昌者为上。"

玻璃围棋子最大的优点是比陶、瓷围棋子更漂亮，而且随着工艺的改进，它的颜色、形状、大小、轻重、手感都越来越好，加上成本也不高，因而深受棋迷们的喜爱。于是玻璃很快成了制作棋子的绝佳材料，并最终取代陶瓷围棋子。

玻璃围棋子下平上鼓的形状特征与生产工艺相关。早期的玻璃围棋子是用玻璃熔液滴制而成，自然是下平上鼓形的。此外，早期玻

图 5-4　隋唐时期两面鼓围棋子

图 5-5　宋元时期瓷质围棋子

图 5-6　玻璃棋子

璃围棋子的颜色大多数不是纯正的黑白色。从出土实物看，早期玻璃围棋子的颜色主要有蓝色、绿色、黄色等，这主要是玻璃原料不纯造成的。

图 5-7　指针式棋钟

（三）棋钟

棋钟也叫计时器，在正式的比赛中可以使用计时器对选手的时间进行限制。非正式的对局中一般不使用计时器。

棋钟的应用起源于现代。最初，棋钟只有指针式，这种棋钟在靠

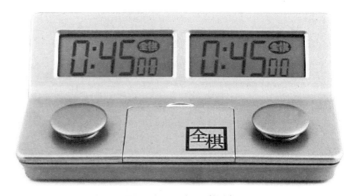

图 5-8　电子棋钟

近 12 点处有一个小旗。接近超时时，小旗会被顶起，当"倒旗"时，棋手就超时了。后来为了计时更准确，棋钟采取"旗倒和三针并线"作为判断标准。

由于指针式棋钟存在容易受到外力影响等缺陷，逐渐被电子棋钟取代。电子棋钟不仅计时更准确，还可以加秒，从而使得计时更为合理。

常见的围棋用品、用具还有比赛用桌。一般比赛用桌高度 70 厘米，宽度 60 厘米。高规格的职业比赛，根据条件可以使用沙发配相应的茶几，以适合就座与下棋为宜。

二、围棋用品、用具发展现状

（一）棋盘

随着围棋的普及，围棋棋盘的日常使用需求日趋多样化，目前市面上见到的棋盘，主要分为贴皮棋盘、磁性棋盘、实木棋盘三种类型。

贴皮棋盘又分为贴纸和贴木皮棋盘。贴纸棋盘价格比较便宜，洛阳的双元、双龙、群星三个厂家几乎占领了全国 90% 以上的贴纸棋盘市场。

磁性棋盘产品分为便携棋盘和教学棋盘，全国生产磁性棋盘的厂家不少，其中，北京全棋和温州秉信的磁性棋盘做得比较好。相较于教学磁性棋盘，普通磁性棋盘价格相对便宜。

实木棋盘具有复杂性和多样性的特点。现在用来做棋盘的木材有红木、桦木、樟木、椴木、枫木、红樱桃、榉木、槐木、云杉、松木、北美铁杉（新榧木）、楸木、黄木、榧木等，日韩还有桂木、桧木、公孙树（银杏）等，其中楸木和榧木以及北美铁杉相对高端。

楸木：楸木质地轻而坚，不易变形，木纹细腻，是制作棋盘的良材。楸木棋盘历史悠久，晋陈寿的《三国志》中就提过楸木为枰，元代诗人王恽赞美谢安的名诗"怡然一笑楸枰里，未碍东山是矫情"，楸枰几乎是中国古代围棋的代名词。

榧木：榧木又名香榧，是棋具中较高级的一种，纹理微妙，棋盘香味特别，有多种功效，是棋友最感兴趣的棋具。现在中国几乎很难买到榧木棋盘，香榧更为稀少，而且有价无市。

北美铁杉（新榧木）：因为香榧木材稀少，现在中国市场流行一种叫新榧木的棋盘，而所谓的新榧木其实是铁杉，与真正的榧木关系不大，只是棋盘做好后和榧木有一些相像。铁杉和云杉属于同一类别，但铁杉比云杉重一些。

木质围棋棋盘的生产厂商也伴随着市场需求的增大而增多，国内生产厂商主要包括双龙、双元、群星、全棋等。

案例 5-1：双龙棋具

洛阳双龙棋具厂总部设在九朝古都洛阳，长期致力于国际与国内围棋大赛的棋具研发与配送，在全国设有多家专卖店及特许加盟店，是一家具有中国传统围棋文化和工艺内涵的国内棋具生产企业。

在生产过程中，双龙棋具从实木棋盘的挑选、颜色的制作、光泽度、线条粗细以及舒适度进行了长期的实践和研究，形成了层次多样、品类丰富的棋盘生产体系。国内男女甲级联赛、中国围棋大会等均长期使用双龙棋具。

（二）棋子

随着科技的发展，工艺水平的提升，现在可用于制造围棋棋子的材质日趋多样化，除传统的玻璃、陶瓷之外，玉石、密胺树脂、蛤碁石等材质的使用日趋增多。

从围棋棋子的生产厂商来看，云南仍是中国围棋子最著名的产地，主要有三个品牌，分别是"云"字牌、永昌牌和永子牌。

案例 5-2：云子

云南围棋厂是昆明第十二中学在 1974 年创立的校办工厂。1980 年，经昆明市政府批准正式定名为云南围棋厂，现厂址位于昆明市官渡区官渡古镇。目前，围棋厂拥有"雲""云子""雲子"3 项文字商标，主要生产经营"云"字牌围棋、棋具及棋类配套等产品，市场覆盖全国各地以及美国、加拿大等欧洲国家和地区，销售、利润、市场占有率均居同行业前列。此外，"国宝云子"还是省级非物质文化遗产，云子配方保密，制作工艺（火候、分拣、滴子等）极具特色。

（三）棋钟

目前，电子棋钟的功能日趋丰富，应用场景更加广泛。现代棋钟往往内置多种棋类比赛功能，适用于包括包干制、标准慢棋、慢棋、快棋、超快棋等多种比赛，每种功能均能调整并具备读音功能。

市面流行的电子棋钟厂商主要包括全棋棋钟、追日棋钟以及天福棋钟。值得一提的是，在电子棋钟中，应氏钟具有一定的特殊性，它是应氏杯和其他使用应氏规则比赛的专用棋钟，应氏钟有三种语音提示：中、日、英。不操作时，棋手仅看见自己的时间，如果想看对手时间以便进行时间攻势迫使对手罚点，必须去按特定的按钮。

总体而言，当前围棋用品、用具业呈现如下特点：

行业步入快速成长期，产业链整合度不高，管理水平有待提升。从围棋用品、用具行业集中度、行业规模来看，随着围棋人口快速增长，我国围棋用品、用具业市场需求快速上升，行业从业人员和生产厂商数量不断增加，步入快速成长期，但由于从业人员经验、企业管理标准化程度的制约，企业管理水平有待提升。此外，由于行业内大量企业处于成长期，尚未形成产业集聚。

品牌价值凸现，产品结构有待优化。围棋用品、用具的产品厂商开始重视品牌影响力的价值，在棋盘、棋子及棋钟领域均已形成具有影响力的品牌。但与市场多样化需求形成对比的是围棋用品、用具商品种类少，个性化、定制化产品少。

产品同质化严重，研发能力有待提升。目前，围棋用品、用具行业呈现出质量类似、款式类似、消费者认知类似的同质化竞争局面，这与企业研发设计人才不足，尚未根据目标市场人群年龄、消费习惯等因素的变化进行创新研发有关。

电商崛起，竞争日趋激烈。随着互联网的发展，电子商务越来越兴盛，诸多围棋用品、用具厂商已经开设网店。从电商平台上搜集到的数据显示，目前，棋具类电商品牌有云南云扁围棋、成功棋具、御圣棋具、友明棋具、胜发、御撰、友邦（UB）、战沐、弈雅、双元等，电商数量快速增长，竞争日趋激烈。

三、围棋用品、用具发展趋势

（一）市场空间进一步扩大，行业投入增加

据《人民日报》2020年4月27日报道，目前我国围棋人口已经从2012年的3000万上升为5000万，2020年人均GDP突破1万美元，围棋人口中有需求且有能力消费的人群规模快速上升，围棋用品、用具市场空间进一步扩大，越来越多民间资本开始注意围棋领域，并从多个领域进入围棋行业，随之而来的是行业投入不断增加。此外，越来越多用户提出更多样化和定制化的需求，也必然促使行业增加投入。

（二）产业链进一步延伸，运营标准化、规范化成为趋势

多样化的市场需求，推动了围棋用品、用具产业链进一步延伸。围棋用品、用具产业开始与智能制造、互联网等产业融合，同时，围棋用品、用具产业链参与主体不断增多，行业细分增强，出现了众多服务企业主体为围棋用品、用具企业提供品牌、设计、系统以及供应链等全方位支持。围棋用品、用具产业链生态逐渐完善，已经形成科研院所、围棋用品和用具服务机构、围棋用品和用具创新产品生产机构等主体在内的产业链条。

专业化、标准化、规范化和体系化发展成为围棋用品、用具产业发展的趋势。企业将进一步实现生产布局的专业化和产品生产集约化目标，并通过专业化分

工与协作生产提高生产效率，降低企业成本，进一步改变当前围棋用品、用具企业普遍规模偏小，难以实现规模化、集约化生产的局面。

（三）围棋用品、用具智能化将成为趋势

在新技术的加持下，围棋用品、用具智能化趋势明显。云计算、大数据、人工智能的出现给围棋用品、用具产业发展提供了全新空间。一方面，在工业互联网、总线技术、无线传输技术的支持下，围棋用品、用具制造过程开始智能化，为围棋用品、用具个性化、定制化生产提供了技术基础；另一方面，在传感器、二维码、红外设备、射频识别及微机电系统生产商的支持下，围棋用品、用具本身智能化程度也在不断提高，现在已出现可联网的电子棋盘、围棋智能教学机器人等智能化产品，进一步提升了围棋用品、用具行业生产效率和用户体验。

第二节　围棋文化创意衍生品

一、围棋文化创意衍生品概述

围棋文化创意衍生品是在围棋文化基础上的"再创作、再增值"。设计研发人员在把握围棋的内涵、符号意义等要素的基础上，归纳、提炼，并运用新的形式对其进行重构，在保留原内涵的基础上使得产品的表达意图更为一目了然，因此围棋文化创意衍生品是注入研发人员独到见解和创意的产品。

围棋文化创意衍生品包括制作和发行围棋主题电影、动漫、歌曲、字画、雕塑、综艺节目、文学出版物、舞台剧、手游等业态。

（一）发展围棋文化创意衍生品的意义

第一，具象化围棋文化内涵，弘扬中华民族优秀传统文化。围棋文化是一种独特的深深根植于民族历史文化血脉中的优秀文化，围棋文化创意衍生品经过了创意设计者的解读和巧思，要展现的文化内涵不再晦涩难懂，因此，富有特色的围棋文化创意衍生品能够为巩固、深化、传播这种文化提供载体，增强人们对围棋所蕴含的中华民族优秀传统文化的认可和理解。

第二，延伸围棋产业链，拓展收入来源。依托围棋文化优势，开发围棋文化创意衍生品，推动跨产业的融合，多元化围棋产业收入来源，实现"产业化助推文化传播，文化内涵提升产业附加值"的良性循环，对进一步壮大围棋文化起到积极的作用。

第三，响应市场多样化需求，丰富大众精神文化生活。棋迷数量的快速增长和经济的发展，引发了多样化的需求，棋迷已经从下棋、交流等主要需求，延伸到与文化精神层面有关的需求。围棋文化创意衍生品如同给棋迷的"礼物"，让棋迷在通过下棋等活动享受围棋乐趣之余，依然可以通过文化创意衍生品回味围棋的品味与魅力。

（二）围棋文化创意衍生品分类

围棋文化创意衍生品品类较多，分类方法不一而足，本节结合市场营销实务中的习惯，将其划分为与围棋赛事、围棋培训、其他与围棋文化有关的衍生品三种类型。

第一，围棋赛事衍生的周边产品。通过挖掘围棋文化内涵，结合赛事品牌形象，与相关文化产品制造商合作，如面向围棋爱好者、旅游参观者开发的围棋文化纪念品，如吉祥物、赛事主题棋具、纪念章等。

第二，围棋培训衍生的周边产品。围棋培训机构在开展文体艺术、智力开发等业务，建立品牌，实现连锁经营的过程中，逐渐衍生出诸如教材、教具、游学等特色产品。

第三，其他与围棋文化相关的衍生品，如影视节目、书、画及其周边产品。此类周边产品自带IP，具有自主知识产权。例如，动漫可通过图书销售、付费阅读、广告、出版、衍生品开发等途径来实现盈利。综艺节目以电视收视率或网络点播率等流量为核心，通过广告收入、版权交易、观众互动、衍生品开发等途径来盈利。

二、围棋文化创意衍生品的发展现状

（一）围棋赛事衍生的周边产品

伴随着围棋赛事的蓬勃发展，围棋赛事相关的文化创意衍生品快速发展，已经成为赛事的有机组成部分和收入来源。目前比较有影响力的中国围棋大会、城市围棋联赛等除了拥有自己的吉祥物之外，还开发出一系列的文化创意衍生品。

（二）围棋培训衍生的周边产品

围棋培训衍生的周边产品现阶段还处于培育阶段。由于大多数围棋培训机构仍处于成长期，并未形成自己独特的、系统的教育培训相关的围棋文化创意衍生品，部分较大的围棋培训机构虽有部分围棋文化创意衍生品，但产品种类不多、销售收入还不高，未来具有较大的发展空间。

图 5-9　城市围棋联赛围棋文化创意衍生品

（三）其他与围棋文化相关的衍生品

该类文化创意衍生品如影视节目、书、画等发展迅速，从形式到内容均呈现出多样化的局面。

围棋电视节目已经从传统的棋谱点评发展为采取综艺、电视剧、纪录片等多种形式，融入更多文化和娱乐元素内容的节目，让不懂围棋的人能看懂，可参与。《谁是棋王》是围棋与综艺节目相结合的成功范例，可能是围棋产业历史上首部围棋题材综艺节目。围棋题材的纪录片则有中央电视台的《围棋》和日本的《72小时：沉浸在围棋的快乐中》等。在电视剧方面，《爱情宝典之小棋士》《围棋少年》《棋魂》《舍我其谁》以及韩国出品的《未生》和《请回答1988》均获得了不少好评。

案例5-3：围棋动画片——《围棋少年》

《围棋少年》是一部传奇剧情动画片。故事以明朝末年为时代背景，讲述了颇具围棋天赋的少年——江流儿的成长历程。

作为一部以围棋为载体表达成长和传统道德的动漫，该片采用评书式的叙事风格，运用"侠""俗""情"等叙事元素，从路见不平拔刀相助，到四海之内皆兄弟，再到伯牙子期高山流水，有舍生取义的侠气，也有慈悲为怀的大气，情节跌宕起伏，可观性强。

该片人物造型特点鲜明，制作精致，人物、背景具有立体感、层次感，弘扬了中华围棋的精神和中国棋手的爱国情怀。

围棋题材的影视剧众多，较具影响力的作品有《大国手》系列电影、《黑白道》《黑白英烈》《吴清源》以及1982年中日合拍的中日复交十周年"献礼影片"《一盘没有下完的棋》，它也可能是中国围棋产业历史上第一部围棋电影。

此外，随着围棋运动在世界范围内的传播和普及，尤其是李世石与AlphaGo的人机大战之后，围棋题材也出现在了西方影视剧中，譬如《绝命时钟2:22》《相对宇宙》等。

案例5-4：围棋影视剧——《吴清源》

《吴清源》是围棋大师吴清源的首部传记影片，基于吴清源本人的传记体回忆录《中的精神》改编而成。

影片从北洋军阀时期讲起，到吴清源14岁东渡日本，开始了终其一生的围棋生涯。初至日本，吴清源与日本棋院大赛刚出炉的冠军较量，并中盘获胜；五年后，吴清源与他人共创围棋新布局，掀起一场围棋革命。1939年至1956年间，吴清源凭个人之力打败日本最顶尖的七位超级棋士，十次大胜"十番棋"，被誉为"昭和棋圣"。他以"95盘擂台赛式"的"十番棋"，令当时棋坛所有大师全部降级，创造了日本围棋界所称的"吴清源时代"。

影片通过描述吴清源跌宕起伏、历经磨难与修炼归于平静的一生，从人生哲学的高度升华围棋的艺术性，揭示了围棋对人高远境界的影响和正道的沧桑。

围棋书籍发展较成熟。常见的围棋书籍包括对各种棋局的介绍和围棋技能提升的书籍，以及围棋名人的自我传记、以围棋为主题的小说等，其中，具代表性的如陈祖德《超越自我》、林建超《围棋与世界》，此外还有《棋魂》《围棋少女》《天局》等。

案例5-5：动漫书籍——《棋魂》

1998年由日本集英社出版的影响一代甚至几代围棋爱好者的漫画《棋魂》横空出世，在日本国内掀起了一轮围棋热。连载的几年间，日本的围棋人口由三百多万人迅速上升至四百多万，增加的近百万围棋人口里绝大多数是青少年，这也带动了一批关于棋魂主题动漫衍生品的热销。主要包括棋魂动漫相关的游戏、服装、玩具、食品、文具用品、主题公园、游乐场、日用品、装饰品等。

图5-10　《棋魂》周边衍生产品

此外，以围棋为主题的画作成绩不菲。如《弈棋仕女图》是新疆吐鲁番唐墓中殉葬物，它的出土在围棋界引起极大的震动，棋史研究者都认为这对唐代女子围棋的风行、唐代围棋文化的广泛传播是最有说服力的实物证据。《重屏会棋图》《明皇会棋图》以精细的笔法描绘了古代围棋活动的特定场景和人物，起到了写真的作用。《杏园雅集图》《词林雅集图》等画卷后的题记，对画中人物姓名，甚至任职等情况都有所记述，这无疑是围棋发展史上非常难得的资料。古代围棋主题代表画作还有晋朝顾恺之的《水阁会棋图》，梁朝袁涛的《博弈图》，唐朝周昉的《围棋绣女图》，李思训的《林石棋会图》，孙位的《松下弈棋图》，五代支仲元的《四皓弈棋图》，陆晃的《兰弈围棋图》，宋朝李唐的《水庄琴棋图》，刘松年的《春亭对弈图》，马远的《四皓弈棋图》，元朝任日山的《琴棋书画图》，冷谦的《蓬莱仙弈图》，明朝周臣《松窗对弈图》，黄彪的《九老图》，谢时臣的《四皓弈棋图》，仇英的《西园雅集图》，徐渭的《树下对弈图》，清朝冷枚的《人物》，任伯年的《弈棋图》等。而近现代，范曾、阚玉敏等的围棋相关画作具有一定的代表性。

总而言之，围棋文化创意衍生品产业发展现状呈现如下特点：

产品日趋多样化，但创意不足。目前围棋文化创意衍生品达数百种，部分产品已成为棋迷和相关单位礼品往来的首选，广受社会各界的欢迎。但围棋文化的审美价值、文化精神没有得到更深度地提取、整合、展现，没能实现文化符号上的差异化表达。

市场化模式已经建立，但市场营销能力有待提升。随着赛事、教育培训等活动市场化特征越来越明显，围棋文化创意衍生品初步确立了市场化开发的模式。但在具体实践中，主要还是依靠单个企业自身的力量单打独斗，在强化产权意识、加强品牌管控、掌控生产环节、强化营销能力等方面还有许多"功课"要做。

经济效益初现，但人才队伍建设滞后。围棋文化创意衍生品逐渐成为围棋赛事、围棋培训的收入来源之一，整体规模还无法与招商赞助、学费收入等相比，因此造成了围棋文化创意衍生品开发团队为松散型团队、兼职型团队，甚至有些开发团队缺乏对围棋文化知识的基本了解，开发的产品难以满足棋迷的需求。

三、围棋文化创意衍生品的发展趋势

近年来，文学、体育、影视、游戏等各个领域开始由独立发展变成融合发展，在这种大环境下，围棋文化创意衍生品也正在发生着重大变化。

（一）知识产权（IP）成为围棋文化创意衍生品的核心资源

围棋领域的赛事、文学、动漫、电影、电视剧、综艺、明星都有可能产生

IP资源，电影、电视、动漫、游戏、演出能够成倍放大知识产权（IP）的粉丝数量，扩大知识产权（IP）的影响力并成为主要的变现渠道。同时，基于优质知识产权（IP）已有的粉丝基础，对知识产权（IP）内容进行多种文化形态的轮次开发，可以降低开发成本，提高投资回报率，实现IP经济价值的最大化。

在这种背景下，围棋文化创意衍生品产业的附加值及变现能力受到知识产权（IP）的制约，围棋文化创意衍生品产业已经成为围棋领域中最依赖知识产权（IP）资源的环节。

（二）更加注重和本地特色的结合

围棋文化不仅具有文化的统一性特征，在围棋发展的历史中，与不同地域的结合还形成了具有一定的地域特征的围棋文化，围棋文化创意衍生品在深挖文化创意属性的同时，将更加注重与本地特色文化的结合。以浙江衢州为例，相传烂柯山是仙人下棋的地方，是围棋的发源地。至今"烂柯"一词在国内外仍屡见不鲜。日本高段棋手还常将"烂柯"两字书于扇面，用以馈赠亲友。因此，衢州以"烂柯山""围棋发源地"作为城市宣传的名片，并围绕这张名片打造形形色色的文化创意衍生品。

相类似的，洛阳被称为"百段之城，围棋之乡"，是中国围棋的重要发源地，是河洛文明的发源地，也是丝绸之路的起点。洛阳从古至今都是围棋文化活动及生产的重地，出土了大量与围棋有关的文物遗存。洛阳的围棋文化创意衍生品也具有典型的河洛文明特色，尤其当围棋文化衍生品与旅游景区相融合，地方文化色彩更加浓郁。

（三）与科技的融合日趋深入

围棋不仅是AlphaGo对战的最后一个堡垒，也是现代科技与传统竞技项目融合的代表。互联网、大数据、VR等新技术为围棋创意文化衍生产品的价值创造提供了新的可能性。譬如，随着虚拟现实技术的广泛应用，基于虚拟现实等高科技手段将成为围棋文化创意衍生品新的载体和传播手段。与科技的融合将是未来围棋文化创意产业的大趋势，只有与科技进行深度融合，才能给围棋文化创意产业带来大发展、大繁荣。

（四）产品内容更加多样

围棋文化创意企业既要满足消费者不同的需求，又要兼容并蓄，与其他传统文化资源、新兴文化资源和各类创意文化资源有机结合。例如，以收藏、礼品为主要目的的消费者希望购买珍贵木材为原料的高档棋盘；追星一族青睐有世界冠军签名的棋盘；科技爱好者则会选择具备人机交互功能的电子棋盘；也有艺术家以棋盘为背景，融合水彩技术作画；还有地方因地制宜把围棋棋盘打造成一个特色景点或者老百姓日常生活中的景观小品等。文化多样性和消费的多元化，意味着围棋文化的市场同样蕴藏着巨大的商业机会。只要把握围棋文化消费需求的特征，提升围棋文化创意产品的文化内涵、艺术品味、科技含量，生产出能够满足多样化消费需求的产品和服务，围棋文化创意企业不仅可以获得可观的商业回报，并且能够创造社会价值。

【复习思考题】

1. 简要阐述围棋用品用具未来发展趋势。

2. 围棋文化衍生品的主要分类有哪些？

3. 当前围棋文化衍生品的主要营销措施有哪些？

第六章　围棋产业与相关产业的融合

本章导读：

本章首先介绍围棋产业与其他关联度密切的相关产业融合的基本情况，重点阐述围棋旅游业发展现状及未来趋势，其次对围棋与博彩、围棋与科技现状和发展趋势进行了分析，最后特别提及智能围棋研发对围棋和其他产业带来的重要影响。

学习目的：

1. 了解其他与围棋相关的产业服务范畴。

2. 了解围棋旅游业发展现状和趋势。

3. 讨论围棋科研对未来科技和教育领域带来的影响。

4. 围棋博彩和围棋拍卖服务有哪些？是否可以衍生出更多种类服务？

所谓产业融合（Industry Convergence），是指不同产业或同一产业不同行业相互渗透、相互交叉，最终融合为一体，逐步形成新产业的动态发展过程。产业融合早期主要是技术融合，但随着融合向深度和广度拓展，越来越需要市场制度、政府政策，甚至社会文化的改变作为支撑。

在围棋领域，产业融合已经成为一种趋势。根据发达国家的经验，当一个国家人均 GDP 达到 1000 美元到 2000 美元时，国民消费需求会转变为寻求休闲娱乐的起点，人均 GDP 进入 2000 美元到 5000 美元的时候，国民对休闲娱乐类的消费需求进入发展阶段。中国人均 GDP 远超 5000 美元，对文化、体育类的消费提出了更高层次、更高质量的消费需求。围棋产业要抓住居民消费需求变化的良机，就需要通过与其他产业融合来助力围棋产业更快更好地发展。

在促进体育与相关行业融合发展的过程中，"体育＋旅游""体育＋博彩""体育＋科技"等成为重点，因此，本章将重点对围棋与旅游、围棋与博彩、围棋与科技、围棋与拍卖的融合进行介绍。

第一节　围棋与旅游

一、围棋旅游概述

世界旅游组织（World Tourism Organization）对旅游有如下定义：人们为了休闲和商务的目的，离开他们惯常的环境，到某些地方以及在某些地方停留，但连续时间不超过一年的活动。

围棋旅游是综合性旅游的组成部分，是满足旅游者对围棋运动及文化的需求，达到身心锻炼、身心娱乐、身心康复、对弈愉悦、结交朋友，丰富精神文化生活的行为，是人民群众追求健康、娱乐、休闲方式的重要内容。由于围棋运动更多与脑力运动相关，其消费过程中的精神愉悦和获胜后的喜悦感成为围棋旅游的追求目的之一。与其他旅游类似，围棋旅游者的消费活动同样涉及吃、住、行、游、购、娱六个方面，涉及的相关产业包括餐饮业、旅馆业、交通运输业、旅游业、零售业和休闲娱乐服务业等。从广义上而言，围棋旅游业是指为旅游消费者提供围棋服务及相关业务的统称，是以旅游者为对象，为围棋旅游消费活动创造便利条件并提供其所需服务和商品的综合性产业，是旅游产业与休闲娱乐、健康益智等产业融合发展的产物。围棋旅游已经成为棋迷的一种生活方式，也是一种社会性、文化性、经济性的综合活动。

二、围棋旅游的发展状况

（一）发展历史

围棋从诞生以来就受到文人雅士的喜爱。魏晋时期品评人物的标准"唯有文、义、棋、书",是上层社会最为重视的技能。这些名人还非常喜欢将围棋与名胜古迹结合起来,清代作家李斗在其所著的《扬州画舫录》里记载:"客与舟子二十有二人,共一舟,放乎中流。有倚槛而坐者,有俯视流水者,有茗战者,有对弈者,有从旁而谛视者,有怜其技之不工而为之指画者,有捻须而浩叹者,有颂成败于局外者。"林林总总,向我们描述了围棋爱好者在瘦西湖游船上纹枰对弈,观者云集的热闹景象,这可能是最早的关于围棋和风景名胜结合起来的围棋旅游的雏形了。

伴随着我国改革开放,特别是在人民群众物质文化生活需要不断增长的形势下,围棋旅游得到进一步发展。从 1984 年开始,由中国围棋协会、日本棋院和中国《新体育》杂志社联合举办,日本电器公司(NEC)赞助的中日围棋擂台赛不断引发媒体和社会各界关注,主办方落实在中日两国举办赛事的城市也成为了许多围棋爱好者的旅游目的地。1990 年第五届中日围棋擂台赛期间,中方移师南京五台山体育馆设擂进行最后的对决,观众甚为踊跃,现场涌进前来观战的棋迷将近 8000 人,场面壮观。每当这些知名棋手到某个城市比赛,都会受到当地围棋爱好者的欢迎和追捧。

1999 年创办的中国围棋甲级联赛采用主客场对弈的方式,安排在不同城市进行比赛,对围棋旅游起到推波助澜作用。随着日韩高水平外援纷纷加入围甲联赛,联赛水平达到国际一流,品牌影响力日益提升。许多城市引进围甲队伍进行城市营销,带动了围棋旅游热潮。

(二)发展现状

受益于国民收入增加,国内消费升级,旅游正从传统的观赏型旅游向体验型旅游发展,而围棋旅游因其注重脑力运动,依赖幽静休闲环境等特点,为消费者提供了较好的体验式旅游需求。当前国内围棋旅游呈现多元发展趋势,主要集中体现在以下几个方面:

1.围棋赛事观赏相关的旅游

与观摩田径、三大球、马拉松等顶尖体育赛事一样,围棋领域的众多赛事如中国围棋甲级联赛、CCTV 贺岁杯中日韩围棋争霸赛、名人赛等联赛、杯赛形式均吸引了不少棋迷参与。如创办时间超过 30 年的"晚报杯"全国业余围棋锦标赛,有数十支城市晚报代表队参赛,代表所在城市业余围棋的最高水平。参赛棋手既是优秀的队员，也是地方围棋旅游的传播者。由中国围棋协会主办，全国 31 个"围棋之乡"（2019 年数据）组队参加的全国围棋之乡业余联赛，每年在全国各地举办分站赛，吸引和带动了地方旅游。另外，城市围棋联赛围棋嘉年华、中外名士教授围棋赛、"穹窿山兵圣杯"世界女子围棋锦标赛和各城市定期举办的青少年围棋赛、升级升段赛都是较为受人关注的与旅游相关联的赛事活动。

值得一提的是，2017 年首届中国围棋大会在内蒙古鄂尔多斯举行，主办方有意识地将围棋活动与旅游相结合，参照欧洲围棋大会、美国围棋大会模式，安排多条旅游观光路线吸引棋迷和围棋爱好者前来。大会举办期间举办围棋嘉年华活动，将围棋大会变成棋迷旅游的盛会。2018 中国围棋大会（广西·南宁）更是吸引了来自国内外各界人士及棋迷 5 万多人来到现场，促进了南宁围棋＋旅游与其他产业融合发展，直接拉动全市会展、餐饮、交通、住宿、旅游、购物等消费增长。

此外，许多围棋赛事有意将活动时间延长，创新围棋旅游新模式。如 2017 年开始举办的巅峰·梦想围棋汽车拉力赛，由 6 名围棋国手和 6 名赛车手组成搭档参赛。该拉力赛使用品牌越野车搭乘参赛棋手沿 318 国道而行，沿途设多站围棋赛供棋手对弈，比赛期间包含了多个参观、采风、旅游资源推介会环节，旨在宣传推介围棋文化和川藏风光，以围棋赛事带动沿线地方旅游产业发展。

案例 6-1：2019 中国围棋大会（山东·日照）

2019 中国围棋大会在山东省日照市举办。本次围棋大会以"活力日照、弈彩纷呈"为主题，由中国围棋协会、山东省体育局、日照市人民政府主办。大会共安排 31 项围棋比赛和表演项目，同时举办中国围棋人工智能成果展等 6 项主题展览，丰富多彩的精品赛事刷新了中国围棋和世界围棋发展史上的新纪录，观摩大会、参与大会的群众超过 6 万人，人数规模创历史新高。本次大会期间，围棋人工智能展、中国围棋图书大展、新中国围棋 70 年成就展、日照城市主题展等特色活动，全方位展示了当代中国围棋的魅力，并与日照市特色文化充分结合，向世界展现日照形象。

日照市体育局局长孟凡香说："这是一次围棋体育产业的华丽转身，本次大会除了我们的参赛人员，还有数万名参赛选手的陪同、粉丝也来到日照，从他们对日照的感受来看，他们对我们的服务、餐饮、交通、住宿评价比较高，因此我们说的一人参赛多人旅游，一日参赛多日停留，一次比赛多元消费的这种体育旅游格局又一次上演。"这是一次城市知名度的大营销，这些活动不仅展示了围棋魅力，并且与日照的海洋文化、太阳文化、东夷文化等特色文化充分融合，向世界展示了日照元素、日照文化、日照特色，很好地讲述了"日照故事"，推动了"体育＋"跨界融合发展，激发城市活力、增添发展动能，为"活力之城"创建注入了体育基因。

2019中国围棋大会以棋为媒、以棋会友，共同携手做好"围棋＋""体育＋""文化＋""旅游＋"文章，积极发展了围棋上下游产业，共同谱写了"友好·合作·共赢"的新篇章。

2. 围棋风景名胜特色游

历史上与围棋相关的奇闻轶事数不胜数，旅游者在全国各地旅行时，会参考行程加入围棋文化内容。衢州烂柯山作为围棋文化的发源地，因王质观弈烂柯的神话故事流传而成为知名旅游景点。其他类似的名胜之地有山西陵川棋子山、恒山琴棋台、南京胜棋楼、苏州穹窿山、福建漳州八仙围棋山、湖南炎陵县炎帝陵、广东海陵岛、广西三江仙人山景区等。北京棋院、杭州棋院、广州棋院和南宁南国弈园，以及洛阳围棋博物馆、上海棋院内的棋牌文化博物馆也成为棋迷驻足观赏的旅游景点。湘西凤凰古城通过举办两年一度的世界围棋巅峰对决赛事，将围棋与历史文化、旅游产业有机融合，推介凤凰古城成为具有民族、文化特色的著名旅游景区，吸引特定目标游客前来参观游览。

此外，洛阳市白云山景区举行中国围棋棋圣战，AlphaGo与柯洁的"人机大战第二季"选择在乌镇对决，中信置业杯中国女子围棋甲级联赛安排在毕节百里杜鹃（当地著名旅游景点）举办，把景区宣传、扶贫与旅游串联在一起，赋予了围棋旅游更大的社会责任。

案例6-2：棋行天地间，广西大新德天专场被赞"最美围棋赛场"

"在我印象中，（德天跨国瀑布景区）作为围棋赛场来说是风景最美的。"曹大元如是说。2019年8月3日，城市围棋联赛2019赛季广西大新德天专场在大新县德天中越跨国瀑布景区举行。德天瀑布美丽的景色赢得了众多棋手和嘉宾的称赞。

大新县是全国特色旅游名县，文化旅游资源丰富，有"全球最美的14个瀑布之一""广西十佳旅游景区"等称号的德天跨国瀑布，有中国最美的乡村风光明仕田园和有千年历史的安平土州等40多处高品位旅游景区景点，形成了数百公里的山水画廊和南国边关风情旅游带。大新县先后荣获"中国国际特色旅游目的地""全国十佳生态休闲旅游城市""国家生态旅游示范区"等多项荣誉称号。

赛事活动之所以选址广西大新德天跨国瀑布景区，旨在展示赛事精湛技艺的同时，向社会大众传承围棋赛事的文旅融合精神，为游客增添旅游的趣味性和跨国观赛的看点。本次比赛场地位于德天瀑布景区的4、5号观景台，可俯览德天跨国瀑布和板约瀑布以及中越归春界河的异国风情。大新县人民政府、大新县文化旅游和体育广电局和广西中旅德天瀑布旅游开发有限公司通过承办高水平围棋赛事，吸引了大批棋迷观众前来观赏和参与赛事，让大新县丰富的旅游资源通过媒体宣传报道，网络直播，棋手、棋迷口碑相传得到了广泛传播。

3. 围棋游学

在经济高速发展的背景下，围棋道场、培训机构如雨后春笋般在中国各大中小城市兴起。每年的暑寒假，中小学生围棋夏令营、冬令营旅游日益兴旺，带着围棋去旅游，组织棋童到全国各地，甚至到日韩、欧美等国与当地小棋手对弈交流变得常态化，学生和家长也乐见其成。例如聂卫平道场由金牌职业教练带队组织的欧洲游学、俄罗斯游学，上海清一围棋组织的日本游学，弈客围棋组织的欧洲围棋大会游学等都办得风生水起。

此外，由于日本、韩国在围棋领域的长期领先地位和历史影响，棋迷到日本棋院、关西棋院、权甲龙围棋道场学习、参观已经成为中国部分围棋培训机构学员和棋迷、旅游者的选择之一。

三、发展展望

随着游客需求逐渐由游览广度向体验深度转变，对旅游产品和服务的要求也越来越高，游客的多元化、个性化需求越来越旺盛，带动了能满足顾客多元化、个性化需求的围棋旅游的发展，并呈现出娱乐一体化、养生休闲化、场景体验化等特征，丰富了围棋旅游市场的供给。可以预计，未来围棋旅游与其他相关产业的融合不断加深，各种为围棋赛事量身定制的旅游精品路线，围棋景区嘉年华活动，与教育、休闲、康养、会展、文化创意等相结合的新业态、新产品将层出不穷。围棋旅游由于具备了观看赛事活动、明星粉丝经济、社群活动参与、益智休闲体验等多种高黏性及强目的性的出行因素，近年来发展势头迅猛，被认为是未来的蓝海经济。围棋旅游具有以下发展趋势：

（一）围棋主题特色旅游升温

利用历史文化知识再现当年围棋盛事，是近年来围棋体验游的主要内容。如苏州同里古镇与天元战、天下凤凰与世界巅峰对决、洛阳白云山旅游与棋圣战、"永城杯"名人战等都成为旅游景区或历史名城与围棋结缘的典范。游客可以到昆明官渡参观云子博物馆，了解云子围棋制作工艺；也可以到云南保山永子文化园，参观围棋制作过程，欣赏刚出炉的手工滴制永子围棋。围棋主题特色游包括名山大川游、围棋文化胜地游、影视剧网红地特色游等，受到棋迷家长和孩子们的欢迎。

（二）国内外围棋游学快速发展

全国各地专业旅游公司、培训机构、围棋道场在中小学生游学市场争夺激烈，夏令营、冬令营成为争夺客源主战场。海外围棋游学也是旅游公司、围棋培训机构、围棋道场常采取和推广的旅游业务。

案例 6-3：台湾围棋特色游

2017年"棋品台湾"亲子文化夏令营是由华智少儿成长中心和广西中国旅行社主办，联合台湾围棋教育推广协会、棋品文创中心协办的亲子游产品。景点包含台湾九份老街、自然科学博物馆、诚品书店、永康商圈、台北101等各类深度文化景点。活动中传统文化体验不停歇，更结合国际围棋对弈、围棋弈工队DIY制作课程、制作孩子专属照片书等特色内容，收到良好的效果。活动期间，广西棋童与台湾小棋手进行了对弈交流。

（三）围棋名人明星成为地方景区旅游营销手段

围棋赛事培育出了一批围棋名人和明星，很多知名棋手拥有大量粉丝，于是很多景区、企业以请围棋名人和明星到当地比赛和讲学作为一种营销手段，借机宣传自己的产品。此外，一些地方正在打造的风景名胜区和各种类型围棋小镇，也把邀请围棋名人明星作为旅游宣传手段，这将进一步激发和扩大围棋旅游市场。

（四）围棋个性化旅游

以欧洲围棋大会、美国围棋大会和中国围棋大会为代表的休闲式围棋＋旅游模式带动了围棋旅游的个性化发展，以休闲养生、以棋会友的个性化旅游在棋迷当中普遍存在。众多围棋爱好者和游客并不是全程参与赛事活动，而是有选择订制几个比赛项目和旅游路线，实现完全自主化的旅游。

第二节　围棋与博彩

一、围棋与博彩概述

博彩是指在比赛或赌博中，通过输赢和偶然性结果得到彩头（收益）的行为。博彩是在人类社会中历史最久、参与程度最多，而且不分民族文化都广泛存在的社会现象。在我国，法律明文禁止赌博行为，国家通过公开发行社会福利彩票、各种体育彩票、地方发展彩票等经济活动来促进博彩业健康有序发展。因此本书讨论的博彩指的是消费者投注社会福利彩票、各种体育彩票、地方发展彩票等的经济活动。

由于博彩能够满足人们在心理、精神、物质等不同层次的需要，因此才魅力无穷，对人类具有永恒的诱惑力，可以满足人们不同层次、不同类型的心理需要，求得精神慰藉。《论语·阳货》里孔子教育自己的学生："饱食终日，无所用心，难矣哉！不有博弈者乎？为之，犹贤乎已。"意思是无所事事是不行的，哪怕下围棋博点彩头也比闲着好，不是吗？这句话后来被汉宣帝刘询搬出来作"挡箭牌"。他常和一个叫王褒的臣子纵情狩猎、赏玩辞赋，当时的大臣多有非议，刘询回敬说，你们这些人不要再说三道四了，要知道上古的孔子比你们高明多了，他说博彩围棋总比无所事事好，何况我玩的是更高阶的辞赋，能教化四方，没准鸟兽草木也能听一两句进去。

二、围棋与博彩发展的历史与现状

围棋古代称为弈或博弈，通过围棋比赛博取彩头的记录古已有之。据《汉书》记载，汉宣帝刘询未登基前，常与陈遂下赌弈棋，但棋艺不精，回回都输。即位后，刘询提拔陈遂当太原太守，理由是还赌债（偿博进），玺书都下了，但陈遂最终婉言谢绝了。据记载，东晋宰相谢安，在淝水之战的紧要当口，却兴致勃勃地"围棋赌墅"。"安遂命驾出山墅，亲朋毕集，方与玄围棋赌别墅。安常棋劣于玄，是日玄惧，便为敌手而不胜。安顾谓其甥云：'以墅乞汝。'安遂游涉，至夜乃还。"民间有北宋开国皇帝赵匡胤赌棋输了华山，明朝皇帝朱元璋赌棋输了南京莫愁湖的逸闻趣事。竞技体育因为有胜负之分，长期以来在民间和官方都有设置博彩，在竞赛过程中获得彩头的操作。由于博彩具有不可预知性或者说存在极大偶然性，竞猜者往往乐此不疲，成为国内外具有广泛影响的娱乐活动。

新中国成立之后，博彩事业由国家控制和经营，主要分为体育事业的发展而发行的体育彩票和为福利事业而发行的福利彩票，专项用于体育、社会福利等社会公益事业。财政部负责起草、制定国家有关彩票管理的法规、政策；管理彩票市场，监督彩票的发行和销售活动；会同民政部和国家体育总局研究制定彩票资金使用的政策，监督彩票资金的解缴、分配和使用。到目前为止围棋并未成为国家层面许可的博彩活动，但在国内也出现了一些具有一定博彩色彩的围棋竞猜平台，用出售和兑换虚拟币的方式开展博彩业务。新浪围棋、弈城网、弈客围棋都将围棋胜负竞猜作为产品的功能之一进行推广。弈城围棋网会在重大围棋比赛时，开设押分对局房间（可以用注册用户自身拥有的虚拟货币弈币，投注自己喜爱的选手）。比赛开始后截止押分，比赛结束后按赔率给付赢家对应的弈币，让棋友在观看高质量的对局时更能体会围棋博彩的乐趣。

此外，民间还出现了一些基于网络、朋友圈的博彩形式，投注者通过微信建群的方式对围棋赛事进行胜负竞猜，这表明围棋博彩有着强大的生命力和群众基础。围棋博彩可以被视为一种娱乐工具，未来通过规范博彩行为，引入围棋竞猜，将围棋彩票行业与公益慈善事业结合，实现最小化风险防控，相信能够给棋迷提供更好的服务。

三、围棋与博彩发展展望

由于博彩业具备娱乐功能，从提升休闲旅游品质、增加政府税收的角度考虑，推动包括围棋博彩在内的竞猜型体育彩票发行的持续稳定增长符合政府的监管要求。

（一）随着各国广泛普及电子产品，博彩业也开发新的产品来切合智能手机、平板电脑的发展潮流，基于互联网平台的博彩形式更加多样化。体彩销售在实体店、自助终端、手机移动端和网络非实体销售渠道的收入进一步提升，无人化销售成为主要形式。现在很多手机内置的 APP 都包含围棋对弈和竞猜内容。

（二）竞猜型产品成为主流，品牌地位得到巩固。单场竞猜、即时投注等投注方式更加科学合理，监管更加严格。可以预计，竞猜对象将从目前足球、篮球向其他体育赛事延伸，向其他冷门项目、智力运动领域拓展。

（三）未来，在我国特定区域博彩形式（含围棋博彩）进一步放宽。包括围棋下一手、比赛结果、输赢数目等内容将来有条件时可纳入体彩竞猜范畴，丰富体彩形式内容，扩大彩民基数。发行围棋彩票能让彩民主动参与竞猜，使其娱乐性与趣味性更浓，有利于彩民身心健康，远离低级趣味的博彩项目。

案例 6-4：新浪围棋网上竞猜

新浪围棋是针对围棋爱好者推出的一款提供围棋娱乐的网络平台。通过新浪围棋你可以在线与其他玩家进行对弈，也可以观看围棋高手之间的对决，观赏国内外大小赛事，还有大神直播、残局挑战、玩家对弈等各类围棋教学元素。平台设有游戏大厅和对局室，对局者和观战者们可以随时聊天、投注押分。压分获得金币是新浪围棋网上竞猜的主要形式，主要用于重大赛事直播时押注棋手胜负，根据平台开出的赔率获得或失去金币。目前金币不能兑换成现金，只能兑换礼品或抽奖。金币是证明玩家能力的一种体现，拥有巨额金币能给玩家带来一种成就感，有时候玩家也向其他玩家赠送金币，用于兑换福利。

第三节　围棋与科技

一、围棋与科技概述

当今世界科学技术的飞跃式发展及其与人类社会不断融合的趋势，形成了鲜明的时代特征，表现为网络化、大数据和智能化。围棋棋盘上有 361 个交叉点，行棋过程中最大变化量（含禁入点）大约在 1.43×10 的 768 次方到 10 的 808 次方之间。围棋是人类具有最复杂计算方式的智力游戏，很自然被人工智能领先企业作为研究对象。17 世纪德国最重要的自然科学家、数学家、物理学家、历史学家和哲学家，也是二进制的发明人莱布尼茨在《论游戏》中对围棋的数算特征进行了分析，他曾在年轻的时候设想通过基于规则的符号组合实现"自动生产知识"的思想机器。后来英国著名的数学家和逻辑学家图灵在 1950 年写出《计算机器与智能》（Computing Machinery and Intelligence）一文，开始讨论计算机与智能的关系。"大数据 + 深度学习"成为人工智能领域最受重视和最成功的方法，带动整个人工智能领域快速发展。2016 年 3 月，谷歌旗下的 DeepMind 公司开发的阿尔法围棋（AlphaGo）与围棋世界冠军李世石进行五番棋对抗赛（总比分 4:1），引发世界广泛关注。随后基于阿尔法围棋（AlphaGo）的相关论文，中国、日本、韩国、比利时都研发出具有极高棋力水准的智能围棋（可以受让人类围棋高手二子），推动了围棋竞技水平的提升和围棋培训业务的发展。

二、发展历史与现状

（一）围棋科研的作用

除了需要进行教学、训练、竞赛之外，围棋运动也是一种社会活动，进而使得围棋科研自身具有一定的社会科学性质。围棋在对弈过程中，往往更需要复杂的脑力计算，对弈双方有着强烈的胜负感、愉悦感和挫折感。因此，围棋科研通过研究人在对弈过程中的心理和思维活动能够进一步挖掘出围棋博大精深的内涵。

当前国内外围棋科研主要从围棋的游戏属性和功能入手，重点研究其娱乐性、教育性、智能性功能。游戏本身可以模拟人类现实生活场景，通过观察人类行为和思维模式，事半功倍地实现目标任务，帮助人类在生产实践和日常生活中做出理性判断和智能决策。围棋的科学研究服务也开始深入到社会人文科学研究与试验领域。2017 年 8 月 24 日，韩国棋院委任金永敦（音）博士为韩国国家围棋队心理队医，他同时也成为了围棋界第一位心理主治医生。金博士认为："在技术问题上，我提供不了任何建议，对围棋队队员也是如此。我是基于选手的个性（人性层面），帮助调节内心的不安，并维持适当的紧张度。总体来说，帮助提高选手的专注度和投入度，使之在大胜负的瞬间能全部发挥自己的技能。"韩国围棋教育专家、韩国明知大学围棋专业教授金真焕提出，学围棋主要是起到均衡及调和的作用。体育一般是比较激烈的运动，音乐要发出声音，围棋则是动脑思考的很安静的项目，生活中人可以有各种不同的兴趣爱好，围棋安静思考，可以起到中庸、调和的作用。未来围棋科研服务应面向市场和需求，强调科技成果的转化和应用。

（二）围棋科技成果和应用

2016 年 1 月 28 日，谷歌公司下属企业 Deepmind 公司在 Nature 杂志发表论文 Mastering the game of Go with deep neural networks and tree search，介绍了 AlphaGo（阿尔法围棋）程序的研究细节。2016 年 3 月，阿尔法围棋以 4:1 击败韩国围棋世界冠军李世石九段，轰动世界，成为近年来人工智能领域的里程碑事件。在此之后，围棋智能化研究取得飞跃发展，包括美国 Facebook 开源软件 ELF OpenGo、比利时开源软件 Leela Zero、日本 DeepZenGo、韩国 DolBaram 石子旋风、中国台湾 CGI，以及中国大陆的绝艺、星阵、天壤等围棋智能软件均取得丰硕成果。围棋人工智能的研究被视为更接近人类思维的成果，围棋与科技的结合，让人工智能成为人类学习的助手，让传统围棋文化在现代社会中继续保持活力。

2018 年 5 月 15 日，绝艺成为国家围棋队指定训练 AI。它的第一个作用是提高队员的训练积极性，第二个作用是帮助队员备战各级别的世界比赛。通过与围棋 AI 的训练，棋手对弈水平特别是在布局方面得到了根本性的提高。中国棋手在重大赛事取得围棋世界冠军或优异成绩与绝艺的陪练不无关系。

围棋的智能化同样对业余围棋产生重大影响。弈客围棋 APP 利用基于国内

AI 围棋软件开发鹰眼系统进行在线讲棋分析，由此派生开发出各类围棋培训教程。专业的围棋在线教育机构爱棋道用"围棋教育 + 互联网"方式，辅以其独有的在线作业 +AI 对弈体系，让学棋学生在交互学习过程中可以获得快速、明显的实力提升。

从 2015 年 6 月开始，华智体育产业股份公司组织研发了符合围棋接力赛规则需求的城市围棋联赛电子比赛系统，具备对弈、暂停、换人、读秒、点目等系统功能，能够自动存储棋谱，做好暂停、换人等比赛记录，不但大大降低了复杂赛制下裁判员的执裁难度，简化了执裁工作，还能够在比赛同时，将比赛进程实时传输给研究席进行研讨或进行网络直播。同时，系统还内置讲棋模块，可供职业高手在棋局进行过程中读取棋谱、进行解说、摆出变化图。广大棋迷不仅可以通过电脑、手机客户端实时观赛，观看讲解，还能够在平台上留言互动，为支持的棋队加油。城围联电子比赛系统创新了现代围棋比赛形式和内容，为集智型的接力赛真正走向主流赛制打下了扎实的基础。目前，基于围棋实用、实战性的科研产品已经部分投入市场，其中湖南隐智科技有限公司、深圳市睿碁科技有限公司、弈客围棋针对智能围棋盘（电子棋盘）进行科研和开发，在对局分析、家长陪伴模式、对弈复盘和终局数子等方面进行了深入探索，通过在传统围棋棋盘上安装智能感应装置，它能识别黑白棋子，实现传统对弈过程的数字化和信息化。电子棋盘配合相应软件可以改变围棋教学、围棋直播、围棋比赛及个人下棋的方式，对围棋的发展具有重要的意义。

三、发展展望

科技对围棋最直接的影响是人工智能，中国围棋协会已经把围棋智能化作为未来产业发展方向，用绝艺陪练国家队棋手，协助地方围棋协会推进围棋智能化考试。中国围棋协会主席林建超提出要牢牢把握人工智能科技发展趋势，转化为围棋全领域的应用成果，为包括中国围棋协会在内的各级协会以及国际围棋组织提供智能大数据支撑，并建立行业智能服务体系，让全世界行业人群享受智能化、数据化、高效化、全方位的便捷服务。可以预见的发展趋势：

（一）采用人工智能辅助，集团作战、协同进行的综合性研究的比例越来越大。

（二）研究范围深入到意识层面，研究方向从脑科学、竞技体育向 AI 与自主意识结合领域发展，科学研究越来越具有高科技特征。

案例 6-5：星阵围棋

"星阵围棋"出自研究人工智能算法公司——北京深客科技有限公司，前身是清华大学研发的围棋 AI"神算子"。2018 年 4 月战胜中国围棋第一人柯洁九段。迄今为止，星阵共获得世界人工智能围棋大赛冠军 6 次，分别是 2018 世界智能围棋公开赛（南宁）、2018 龙星战人工智能围棋赛（东京）、2019、2020、2021 世界人工智能围棋大赛（福州）、2019UEC 杯围棋赛（东京）。借助其品牌影响力、美誉度，星阵围棋迄今已开发出各类网上对弈系统，为多家公司和自媒体平台提供围棋 AI 接入服务和技术孵化。目前星阵围棋开发的星阵陪练网页版和微信小程序，可以在网上与不同棋力水平的围棋爱好者进行陪练对弈，可以自动生成对弈研究报告、棋谱记录、复盘、上传棋谱等功能。星阵还提供各类公开棋谱，如各种国内外大赛棋谱、星阵自对弈棋谱供爱好者研究。

星阵陪练可以就高手对局提供对弈过程的分析报告，对每一手棋的下法给出胜率评价和推荐意见，指出问题手和胜率走势图，成为围棋爱好者和职业棋手的训练工具和良师益友。

（三）研究方法的体系日趋接近现代科学方法体系（信息、系统、控制论等）。

（四）与围棋相关的科研信息和学术交流日益加强。

案例 6-6：围棋电子棋盘和机器人

为提高棋盘和棋子在对弈过程中的自动识别能力，已经有多家科研机构进行了多种材质、多种电子芯片和感应系统的研究测试。目前隐智、弈客等智能棋盘均可达到 100% 的识别率，棋谱自动记录并进行实时网络直播。其中"隐智电子棋盘"频繁亮相许多围棋比赛现场，进行记谱直播，不仅在国内反应良好，还远销日韩、欧美等国家。

湖南隐智科技股份有限公司是一家专门从事教育培训产品创新和研发的科技公司，公司致力于为用户打造具有高性能、数据安全和完美用户体验的创新型软件和硬件产品，目前已经发布了电子棋盘、围棋机器人、少儿平台三款别具特色的产品。

"隐智电子棋盘"是一款在传统围棋盘上安装了智能感性装置的棋盘，它集人机对弈、远程对弈、自动记谱、计时、数子、对局管理、赛事编排、题库做题、打谱等多种功能于一体，是棋迷的好伙伴、围棋培训机构的好帮手、围棋比赛的好工具。

　　"隐智围棋机器人"由感知系统、人工智能、动作执行三个部分构成。感知系统相当于人的眼睛，人工智能相当于人的大脑，动作执行相当于人的手臂。隐智围棋机器人是国内第一台类人围棋机器人，其人机交互式对弈水平达到职业水平，填补了围棋机器人的空白。除满足棋迷们对弈需要外，还用于围棋启蒙教育和推广。

　　"隐智少儿平台"是一款专门为围棋培训机构和学员定制开发的教学管理平台和学习平台。包含教师管理、学生管理、人人对弈、人机对弈、题库练习、题库闯关、作业管理、考勤管理等。隐智少儿平台包含棋校管理、教师教学和学生学习三个层面的功能，是棋校教学管理的工具，也是学生学习提高的帮手。

第四节　围棋与拍卖

一、围棋与拍卖概述

　　《中华人民共和国拍卖法》规定："拍卖是以公开竞价的方式，将特定的物品或财产权利转让给最高应价者的买卖方式。"拍卖交易是指欲出卖商品者委托拍卖行在拍卖交易市场上通过竞买人的竞争，将拍卖标的（所拍卖的商品）拍归最高出价者的交易方式。拍卖公司属于特种性质的企业，注册时一般要由公安机关备案，分为私营股份或国有控股等多种形式。

　　为了规范企业行为，依法经营、规范运作，拍卖活动必须做到主体、程序、拍卖会三个合法，即拍卖主体必须是依法成立的拍卖企业，拍卖程序必须符合《拍卖法》的规定，拍卖会必须由国家注册拍卖师主持。围棋拍卖是已经成为围棋产业化、市场化的手段之一，围棋拍卖同样包括限时、最低或最高竞投价格、以及用于决定竞价胜出者和成交价格的一般规则。从围棋界的多次拍卖经验来看，根据围棋拍卖形式的不同，竞投者可能会亲自出席，或者运用各种远程手段，例如通过电话和网络参与拍卖会。拍卖成交后，买主即在成交确认书上签字，拍卖行分别向委托人和买主收取一定比例的佣金，佣金一般不超过成交价的5%。买主通常以现金支付货款，并在规定的期限内按仓库交货条件到指定仓库提货。由于拍卖前买主可事先看货，所以，事后的索赔现象较少。但如果货物确有瑕疵，或拍卖人、委托人不能保证其真伪的，必须事先声明，否则，拍卖人要负担保责任。

二、发展历史与现状

就棋迷和收藏者而言，获得具有一定历史文化价值的书籍、棋具、字画、文物、古籍、古玩等是陶冶心情，增加生活乐趣的方式。过去并没有针对围棋藏品的专项拍卖，而是作为文化用品广泛分布在各种拍卖会上。

珍贵的围棋用品和著名的棋谱、图书具有相当高的历史和人文价值，例如古代传承下来的棋子、棋盘、棋谱，文化名人和杰出棋手使用过的棋具等均具有很高的收藏价值。据中国经济网报道，在如今的收藏市场中，古围棋并不多见，晚清、民国时期的制品在价值上也并没有被藏家所重视，但是其衍生品如棋盒、棋盘、棋谱在藏市中却常能见到，是当下收藏品市场的热点之一。另外，一些近代制作的精品围棋也值得藏家注意，例如极品的云子、玛瑙围棋等等，其凭借着精湛的工艺和不菲的文化价值，升值潜力巨大。著名武侠小说家金庸珍藏有围棋200多副，其中日本围棋都是以高价收购而来。除了收藏围棋子，金庸对棋盘也很有研究，他曾介绍说："榧木棋盘最名贵，棋敲上去，棋盘会微微下凹，这样棋子便不会移动。收盘时，用毛巾醮热水一擦又会恢复原状。"在日本，用名贵的榧木制作的棋墩被视为艺术品，出自顶级大师级人物吉田寅义之手的棋墩，每个价值一亿多日元，约相当于人民币600万元。总体而言，年代久远的翡翠棋子、玛瑙棋子、古法工艺制作的云子、永子和珍稀贝壳制作的蛤碁石均是收藏的上佳之选，而围棋大师吴清源、中日围棋擂台赛英雄聂卫平棋圣、世界冠军马晓春、新锐世界冠军柯洁等棋手的签名图书、折扇都是很好的收藏对象。

由城市围棋联赛组织发起的公益拍卖是近年来围棋拍卖形式的亮点，城围联在重大赛事举办期间，通过棋界名流、知名企业家、赞助厂商、新闻媒体联袂合作，对围棋文化用品、名人字画、签名棋盘、知名棋手签名图书、折扇进行公益拍卖。主办方将拍卖陈祖德九段亲笔签名自传《超越自我：我的黑白世界》、聂卫平九段亲笔签名限量版龙蛋紫砂壶、柯洁九段限量版签名折扇以及由王汝南、林建超、华以刚、刘小光等众多棋界名家签名的棋盘等拍品所筹公益款项，分别捐助到南宁市马山县百龙滩镇龙昌村、崇左市江州区板利乡福厚村、南宁市横县那阳镇宝华村等贫困村作为村落基础建设资金；城围联公益拍卖"守护碧水蓝天，我们弈路同行"，将拍卖所得善款用于阿拉善 SEE 生态协会"广西渠楠屯白头叶猴保护区"项目，帮助当地社区保护白头叶猴及其栖息地，促进白头叶猴保护区的良性发展。这种公益拍卖与棋界名人互动交流的方式，让喜爱围棋收藏品的围棋爱好者大开眼界，从中也收获了自己的心爱之物。

三、发展展望

根据 2019 年中国拍卖行业发展报告，截至 2019 年 12 月，全国拍卖企业共计 8013 家，分支机构 248 家，拍卖企业员工总数 60412 人，其中拍卖师 13504人。2019 年全行业拍卖场次累计 89980 场，成交 69405 场，拍卖行业年成交总额 7268.18 亿元。其中文物艺术品拍卖成交 221.63 亿元（不含佣金），成交率达 74.50%。2019 年网络拍卖市场规模已超过 3 万亿（含流拍及重复上拍），较 2018 年增长约 30%，上拍标的数量约 130 万件，较上一年增加 40%。随着市场化程度的加速发展，拍卖总量的大幅度增长，社会委托的比重将逐步加大，拍卖业务将充分多元化，拍卖业也将真正全面走向社会、走向市场。未来围棋拍卖行业将呈现以下发展趋势：

（一）围棋专业化拍卖市场成为主流

随着中国 2020 年全面建成小康社会，棋迷整体消费能力上升，未来我国围棋相关物品的拍卖将日趋频繁，市场更加细化，专业化分工越来越明显。围棋领域将出现专营围棋拍卖的公司。

（二）网上拍卖市场潜力巨大

随着 5G 等网络技术的进步和移动金融结算的普及，将催生更丰富的拍卖手段和方式，让拍卖变得更加容易、更为流行。网上拍卖围棋物品的种类将更加多样化，个性化拍卖成为亮点，包括大宗巨额拍品和小众稀缺拍品均有可能出现在网上拍卖场。同时，网上拍卖将使得围棋用品的拍卖在未来不仅仅局限在大城市，中小城市也将成为网上拍卖的重要市场。

（三）监管力度进一步加强

为应对层出不穷的新技术新手段，政府部门对拍卖行业、拍卖活动的监管力度将进一步加大，拍卖企业的业务行为和拍卖流程也将进一步纳入监管，更加规范。

总而言之，围棋收藏品作为承载围棋文化的有效载体，既是历史的遗存，同时也记载了围棋文化的方方面面，具有较高的收藏价值和升值空间。我们相信随着体育藏品特别是围棋藏品交流渠道的不断完善和通畅，围棋藏品拍卖将会迎来更大的发展空间。

案例6-7："儒弈棋宗"国际棋文化艺术品拍卖会

2016年4月30日，杭州市江干区钱潮路2号，中国棋院杭州分院（以下简称"杭州棋院"）五楼钱潮厅，由杭州棋院、中国围棋博物馆、中国围棋图书馆、山东中棋在线体育发展有限公司、济南棋博教育咨询有限公司共同举办的中国围棋图书馆落成典礼暨"儒弈棋宗"国际棋文化艺术品拍卖会完美落槌。本次拍卖会拍卖围棋名家以及围棋爱好者收藏的与棋牌产业相关的具有一定历史文化价值的书籍、棋具、字画、文物、古籍、古玩等300余件，拍卖会总成交价高达1200万，成交率达95%，创围棋产业之最，在围棋产业发展的历史上留下了深刻一笔。（内容来源：齐鲁晚报）

【复习思考题】

1. 如何理解围棋与其他相关产业融合的发展趋势？例如在人文、科技、旅游方面的进展或突破。

2. 根据自己和其他同学掌握的历史和地理知识，设计一条以围棋旅游为卖点的旅游路线（可以在一个城市或者若干城市区域内进行）。

3. 收集和研究香港赛马会的博彩方式和慈善举措，尝试设计一种合乎国家政策的围棋博彩方法或建议。

4. 试举出围棋与科技结合的应用实例。

第七章 围棋信息传播

本章导读：

本章从传播媒介、受众、内容、模式与策略等维度介绍围棋的信息传播，阐述围棋信息传播方式、传播受众、传播内容、传播模式和传播策略，并对围棋信息传播趋势进行简要分析。

学习目的：

1. 形成对围棋信息传播媒介的整体认识。
2. 了解围棋信息传播的概念。
3. 熟悉围棋信息传播的策略。
4. 把握围棋信息传播的趋势。

广义上的传播是指利用一定的媒介和渠道，对信息进行有效的、有目的传递。围棋信息传播是通过不同的媒介，对围棋、围棋赛事及其相关活动的信息传递，对围棋及其相关产业的发展有着十分重要的作用。鉴于围棋赛事在围棋产业中的核心地位和围棋赛事与传播的密切关系，本章重点从赛事相关角度就围棋信息传播媒介、方式、受众、策略及趋势进行探讨。

第一节 围棋信息传播媒介、受众及内容

在信息时代，所谓传播即社会信息的传递或社会信息系统的运动。传播要

素包括传播主体(施与者)、传播客体(受众)、传播信息(内容)、传播渠道(媒介)、传播效果等方面,其中传播渠道,即传播媒介,是连接传播主体和传播客体的重要环节。

以围棋而论,随着围棋事业与产业的迅速发展,各种传播媒介相继介入围棋领域,围棋信息传播进入新的时代。围棋传播媒介,按报道内容分为文字媒体、图片媒体、视频媒体;按报道范围分为世界性媒体、全国性媒体、地方性媒体;按报道载体分为纸质媒体、电视媒体、广播媒体、网络媒体等。本节主要介绍纸质媒体、电视媒体、网络媒体。

一、围棋常见传播媒介

(一)纸质媒体

纸质媒体是指以报纸和杂志为代表的,利用静态的文字、数字、符号和图片向受众传播信息的媒介。

纸质媒体曾是传播媒介的主导媒体,对围棋及其产业的推动起着重要的作用。1922 年,中国第一份围棋杂志《弈学月刊》在四川成都出版。受到日本围棋的影响,民国时期北京、上海的报纸不时开设围棋专栏,弘扬国粹。中华人民共和国成立后,在陈毅元帅的直接关怀下,《围棋》专业杂志于 1960 年在上海诞生,而国家体委主办的体育综合类杂志《新体育》也成为报道围棋的重要阵地。1984 年,《新体育》杂志与日本围棋媒体合办"中日围棋擂台赛",聂卫平在擂台赛中对日本棋手十一连胜,影响力广播中华大地,成为中国围棋迅速成长的契机。1986 年 1 月,发行量最大的围棋专业杂志《围棋天地》出版发行。此后,当时具有传播优势的纸质媒体更成为中国围棋办赛的主力军,例如"中国围棋天元赛"由《新民晚报》策划主办、"中国围棋名人战"由《人民日报》策划主办等,比赛时这些主办的媒体对赛事进行综合性报道,由此迎来了 20 世纪 90 年代的"新闻'棋战'时代",这两项赛事也一直举办至今。

进入 21 世纪,互联网发展迅猛,但纸质媒体因为具有强制性、非选择性阅读等特点,想要吸引更多非爱好者的关注,纸质媒体仍然是不可放弃的重要阵地。

按照专业性划分,纸质媒体有行业性媒体与综合性媒体两种。在行业性围棋纸媒方面，鼎盛时期存在着"三刊一报"，即《围棋天地》《棋艺（围棋版）》《围棋》（原《新民围棋》）3 种围棋杂志和《围棋报》。2002 年、2008 年，总部位于上海和黑龙江的《围棋》《棋艺（围棋版）》相继停刊。目前，围棋专业类报纸和杂志只有《围棋报》和《围棋天地》。《围棋天地》现为半月刊，每月 1 日、15 日发行，在栏目设置上以职业大赛为主，涉及中日韩各国围棋新闻，包括现场报道、人物专访、棋谱解说、文化类文章等。

在综合性围棋纸媒方面，21 世纪初，曾有《足球报·劲体育》等体育综合类报纸参与报道围棋，但目前仅有《体坛周报》仍开设围棋版面，《体坛周报》围棋版包括赛事新闻、棋手花絮、棋局简评等，涵盖职业、业余、网络赛事各个方面。在其他大众的纸媒中，围棋报道很少作为专版出现。除了《北京青年报》《成都商报》《新民晚报》等少数几家长期报道围棋资讯外，绝大多数纸质媒体均以新闻热点的形式报道重大围棋消息。而为数更加广泛的各地方日报、晚报，在日常报道中对围棋并无涉猎，但当有影响力的围棋赛事在该地区进行时，地方报纸则会相应扩大篇幅进行相关报道。即便是业余赛事，如各地晚报对于每年的传统围棋赛事"晚报杯"、《楚天都市报》对于"楚天围棋 108 将"等的介绍，都取得了很好的宣传、普及效果。

案例 7-1：围棋天地

《围棋天地》由国家体育总局主管，中国围棋协会和中国体育报业总社主办，于 1986 年 1 月开始出版发行。它是中国发行量最大的围棋杂志，除了中国大陆地区外，还在中国香港特别行政区、中国台湾发行，还在日本、韩国、美国等国家发行。

《围棋天地》集权威性、欣赏性、教学性为一身，是广大围棋爱好者自己的天地。《围棋天地》为半月刊，一年 24 期，每年还有增刊（年度杂志合订本）。《围棋天地》及时报道各大围棋赛事，并由棋界权威人士撰稿讲评。目前开设有"现场""人物""资讯""特稿""最前线""天地间""专题研究""棋力阶梯""活学活用""编者"等栏目，以满足各种品位的围棋爱好者的需要。

（二）电视媒体

电视媒体是以电视为宣传载体，进行信息传播的媒介。它具有信息传播及时、传播画面直接、传播覆盖面广等特点，但电视媒体是线性传播，转瞬即逝，保存性差。

20世纪80年代后期，在媒体的推波助澜下，围棋热席卷中华大地。其中最令人瞩目的当属中央电视台对中日围棋擂台赛关键场次的现场直播，中日擂台赛的直播吸引了大量的非棋迷爱好者转变成棋迷，是围棋通过大众媒体影响到更多非爱好者群体的经典案例。

中央电视台因其独特的平台优势和传媒地位，是围棋信息传播中的重要渠道。2014年，由中央电视台主办的"CCTV体坛风云人物年度评选"中，中国国家围棋队获"评委会大奖"。此后央视对于围棋赛事的报道与转播次数也有一定程度的增长。2015年，时任央视体育频道总监的江和平曾表示，即便是凌晨播出的《纹枰论道》节目，也有0.03左右的绝对收视率，折合至少30万人观看；下午直播的围棋比赛，收视率可以达到0.09，观众有上百万人之多。

2000年以来，全国各地媒体机构积极探索专业性较强的围棋电视频道，如贵州电视台创办了付费频道"天元围棋"，如美嘉传媒与北广传媒联手打造数字电视专业频道"弈坛春秋"等。在社会普遍缺乏版权意识，付费意识单薄的消费观念下，前者2014年宣布能够盈利，后者则早已不再制作新节目。与韩国可以左右职业赛事日程、赛制的"韩国围棋电视台"，能够出资创办中日韩三国围棋龙星战的"日本围棋将棋频道"对比来看，中国电视媒体介入围棋信息传播有着更为广阔的上升空间。

总体而言，电视媒体由于制作成本较高，协调较为复杂，与围棋比赛用时比其他体育项目较长，结束时间不易掌握等因素，对于围棋新闻多为简短报道。但电视媒体在直播讲解方面优势突出，亦可制作专题片、纪录片，受众之广不容忽视。此外，近年来如职业棋手柯洁、王煜辉、盲棋高手鲍橒等，通过参加《朗读者》《一站到底》《最强大脑》等电视综艺节目增加宣传，对大众了解围棋、认识围棋、学习围棋有十分重要的推动作用。

案例7-2：天元围棋频道：全国唯一以围棋为内容的数字付费专业频道

天元围棋频道是全国唯一以围棋为专业内容的数字付费电视频道，由贵州广播电视台创办，2004年5月1日正式开播。截至2020年，天元围棋频道信号已覆盖全国4个直辖市，各省会城市及全国各大中城市，收视覆盖超过121个城市及地区和1200万用户，定购用户超过35万户。天元围棋频道也是全国唯一一家拥有大型直播能力的围棋专业电视频道，全年直播近150场次，年直播时长8250分钟以上。

天元围棋频道有效整合国内外围棋赛事、新闻，传递围棋资讯，采用初、中、高级教学方式，使该频道成为不同年龄层次围棋爱好者的选择。开播以来，天元围棋频道直播了首届世界智力运动会、中国围棋甲级联赛、三星杯、农心杯、倡棋杯、名人战等几乎所有的国内外知名围棋大赛，多次对阿含·桐山杯中日围棋快棋冠军对抗赛进行跨国直播，在三星杯世界围棋公开赛决赛和城市围棋联赛开幕式上实现了全天候的现场直播。

天元围棋频道在栏目设置上系统、专业，围棋直播、围棋资讯、围棋课堂、围棋欣赏、围棋文化等节目构成了频道生动、合理的播出流。频道自2007年始，先后原创推出《古谱钩沉》《摆谱》《铭心棋局》《围棋文化访谈》《江湖清谈》《棋思妙想》《时局精解》《围棋课堂入门教学》《围棋课堂中高级教学》《赛事精选》《棋局诊断室》等棋迷喜闻乐见的节目。

2016年3月，天元围棋频道进一步推动媒体融合发展，微信公众号"围棋天元"正式上线，截至2020年6月，围棋天元官方微信累积用户数近13万，活跃度超过80%，平均观看时长超过两小时。2017年5月，对热点活动"围棋世界冠军柯洁与人工智能阿尔法狗乌镇人机大战"进行5天全方位的立体宣传。联合上海五星体育、看看新闻网、弈客围棋进行手机直播，新闻、专题、网络宣推，微信单文阅读量最高突破10万+。

天元围棋频道多次荣获全国"数字电视先锋频道"、全国"十佳数字付费电视频道"、全国"最受网络欢迎的十佳付费频道"，2018年获得数字付费电视行业十五周年"优异频道"殊荣、2019年获得数字付费行业优秀频道。

（三）网络媒体

网络媒体，也被称为互联网媒体，是借助互联网信息传播平台，以电脑、电视机以及移动电话等为终端，以文字、声音、图像等形式来传播信息的一种数字化的传播媒介；其特征是数字化、全球性、多样性与无限性、可存储、易复制。

进入 21 世纪，互联网迅速发展。借助互联网更新速度快、信息量巨大、浏览无门槛的优势，围棋信息传播更加便捷、更加及时。由于新技术革新加速，更多依赖于门户网站生存的围棋网络媒体更迭频繁，有着明显的"你方唱罢我登场"的特征。

随着韩国两大对弈网站 cyberoro 与 hangame 形成规模，并相继与中国新浪网、弈城网连通，中国围棋网络对弈市场逐渐做大。对弈网站以进行最新热门对局的棋谱直播，为广大围棋爱好者提供对局平台，以及押分活动为主营业务，而这些对弈平台大多挂靠在新闻网站之下。知名围棋网络媒体及对弈平台有新浪（新浪对弈）、腾讯（野狐对弈）、弈城（弈城对弈）、搜狐（清风对弈）等。其中，新浪、搜狐侧重于围棋新闻，弈城、腾讯侧重于对弈平台建设。此外还有致力于收集围棋棋谱、数据的弘通围棋网，创造围棋爱好者棋书、棋具交流平台的飞扬围棋论坛等。

在上述围棋网络媒体中，新浪近几年取得了显著的成绩，在新闻采访、图片花絮、视频影像、棋谱瞬间等方面代表了目前网络媒体报道"短平快"的水平。依托门户网站新浪的流量及各下属产品博客、微博，新浪网棋牌频道单篇新闻、重大比赛的评论数量相当可观。对各大职业赛事进行棋谱跟踪直播的"棋牌新闻"新浪微博，经过数年的经营发展，截至 2019 年 11 月积累粉丝数超过 240 万。

在报道内容上，新浪也代表了目前围棋网络媒体的侧重点与特征：以世界比赛为报道重点，国内职业、业余赛事及其他围棋活动次之，报道中心以明星棋手为主。在网络媒体流量为王的衡量标准下，这一报道侧重点也是对目前围棋爱好者关注倾向的直接反映。

对传统网络媒体而言，围棋重大新闻事件的报道依然是其关注重点。如 2012 年、2014 年陈祖德、吴清源等围棋大师，同时也是文化名人去世后，多家重要媒体均建立专题进行报道。更具有代表性的事件是 2016 年和 2017 年轰动世界的"人机对战"，即围棋人工智能 AlphaGo 与李世石、柯洁等棋手进行的人机对战，引发媒体关注热潮，成为关注度破亿的围棋传播事件。

此外，中国门户网站巨头腾讯旗下的 QQ 围棋与野狐围棋（对弈）合作，依靠 QQ 游戏市场原有的大量人气，联合野狐围棋职业棋手创办、多年经营实体道场的人脉优势，野狐围棋对弈平台迅速成为业界新宠。

围棋信息的网络媒体传播途径中除了围棋对弈网站外，近年来，新型社交媒体成为"互联网＋"时代新的社交渠道，微博、微信、今日头条、抖音、虎牙直播等正成为围棋信息传播的新途径。

在新浪微博上，具备媒体影响力的围棋界认证用户为数不少，像"棋圣"聂卫平、年轻棋手中最具人气的柯洁等，都拥有众多的粉丝，他们本身就是自带"光环"的"自媒体"。由于指向性明确，通过他们的宣传介绍，有可能产生较之普通媒体事半功倍的效果。

围棋媒体进驻移动端，影响力最大的是2014年诞生的手机媒体"弈客围棋"。弈客围棋是依托于上海"假日围棋基金会"创办的移动端媒体，以传播围棋文化为宗旨，进行各大赛事热点追踪、直播讲解、新闻综合、深度报道，同时打造对弈平台、加强各地围棋爱好者联络、引入 AI 技术等，集中了人气，得到了业界的高度关注。

案例7-3：弈客围棋：兼顾娱乐和社交的娱乐平台

弈客围棋是一款整合棋友多方面需求，打通上下游产业链的移动端、兼具娱乐和社交功能的围棋平台，目前已发展成为全球最大的围棋社交平台，拥有数百万用户。

弈客围棋采用实名注册制，提供资讯、大赛直播、对弈、赛事组织、俱乐部管理、游戏闯关、棋谱记录等模块，棋友在吸取围棋信息的同时，还可以及时参与互动，记录自己的围棋生涯，因此广受棋迷们喜爱。其中"非即时对弈"是弈客围棋的重要特色，它让棋友可以用碎片时间认真思考，下出高质量的对局。这一独特的对局模式虽非弈客首创，但通过弈客围棋发扬光大。同时弈客围棋APP 深度结合围棋 AI，提供人机对战，AI 辅助分析等功能。

为了更好地增加用户活跃度与黏性，弈客围棋通过设立类社区版块，例如推动棋友间交流技艺的"求点评"、以地区或组织分类的"俱乐部"和展现大小比赛的"赛事"，让用户生产内容，丰富平台的信息量。此外，弈客围棋还积极利用平台优势，积极打造赛事 IP 和参与赛事策划承办，为平台创造更多吸引围棋受众的内容。如在 2020 年新冠肺炎疫情期间，连续举办了中欧、中美、中日之间多场网络对抗赛，吸引了众多棋迷关注。

随着互联网的快速发展，"网络红人"在网络媒介环境下应运而生。"网络红人"是指在现实或者网络生活中因为某个事件或者某个行为而被网民关注从而走红的人或长期持续输出专业知识而走红的人，其在经历了文字时代的网络红人、图文时代的网络红人后，正进入宽频时代的网络红人。由此，"网红直播"也正成为围棋信息传播的重要载体，并且迅速拓展到以微博、微信、抖音等为主的新媒体传播渠道，这样的转变让围棋及其赛事的影响力快速提升。

围棋网络媒体（含自媒体、移动媒体）虽有种种优势，但其也面临着同质化严重的局面，当某项重大赛事进行时，各大网媒对之进行集中报道，从内容到形式都比较雷同，呈现出新闻内容单一，关注重心同质的情况。

案例 7-4：马晓春和刘小光仙人山上演巅峰对决

马晓春九段和刘小光九段是著名的围棋国手，两人在 1980 年全国个人赛争夺冠军，从此开启一段"马刘争霸"的波澜壮阔的历史，两位棋风迥异的大师，奉献了许多令人拍手叫绝的对局。

2018 年 5 月，城市围棋联赛新赛季揭幕战在柳州举行，"城围联柳州弈起来围棋进乡村"活动在三江县仙人山景区举行，马晓春与刘小光上演了精彩名人国手对决。由于对局两位棋手身上的光环，本次比赛受到了广大棋迷的关注，仅弈客围棋上进行的棋谱直播，观看量就超过 16 万人，此外相关的比赛信息还在央视、广西、柳州和三江县四级电视台播出，加上网络媒体、纸质媒体和微博、微信、抖音等社交平台的传播，比赛信息实现了传播方式全面覆盖，使得城市围棋联赛的知名度进一步提升，当时刚刚打造的仙人山景区一下打开了知名度。

总之，上述国内现有报道围棋的媒体，就传播速度而言，网络媒体中的自媒体最快，网络媒体快于电视媒体，电视媒体快于纸质媒体。自媒体无需更多制作渠道，拍摄即可上传；网络媒体由于热度周期所限，绝大多数赛事的热度只有比赛当日一天，要求在比赛结束后立即发稿；电视媒体需要根据电视台计划确定播出时间，有录制、剪辑的过程；而纸质媒体由于出版印刷的限制，难以与上述媒介在速度上进行竞争。

就互动方式而言，网络媒体（含自媒体、移动媒体）最为方便快捷，评论与回复功能健全，可供双方实时互动交流；电视媒体与纸质媒体互动较慢且渠道复杂，但由于实体载体、纸质情怀和重复关注度高等因素，纸质媒体、电视媒体和新型媒体正成为并驾齐驱、各有所长的围棋信息传播主渠道。

在信息质量方面，与制作周期有关，经过了时间沉淀的纸质媒体与电视媒体要强于网络媒体，网络媒体又要强于移动媒体和自媒体。移动媒体特别是微博、微信平台，由于缺乏版权保护，各公众号无限制转载等侵权问题较为严重。自媒体则由于发布者能力限制，内容良莠不齐。

二、传播受众

围棋传播的成功，离不开广大的受众，按照接触的媒介类别可划分为报纸读者、广播听众、电视观众、网民；按照接触媒介的频率可分为稳定受众和不稳定受众；按照受众不同信息的需求可分为一般受众（广受众）和特殊受众（窄受众）；按照接触新闻媒介的确定性可分为现实受众和潜在受众；按照新闻媒介明确的传播对象可分为核心受众和潜在受众。本节将针对核心受众和边缘受众两个群体进行分析，并由此分析如何选择合适的传播策略。

（一）围棋核心受众

围棋核心受众是指懂围棋且近期下过围棋、时常收看围棋节目、经常购买围棋书籍和杂志、拥有棋具、组织或赞助围棋比赛等围棋活动、知道很多古今高手的名字或对围棋史有一定了解的人。

围棋核心受众以20世纪80年代后期中日围棋擂台赛而催生的围棋爱好者，和21世纪初以来各地涌现的围棋培训机构培养的围棋爱好者为主要来源。

前者目前已成为社会中坚力量，其中的精英人士不计回报地投入围棋，促进了围棋市场的繁荣。为数更多的同龄人则将热情贡献在关注围棋赛事，特别是大型赛事上。该部分围棋核心受众还将自己对围棋的爱好传递给下一代，有力地扩大了围棋人口的数量。围棋核心受众具备一定围棋水平，有能力也有意愿参加一些围棋活动，对各年龄段职业棋手有着不同程度的偏爱，在接触媒体方面更愿意选择专业类围棋媒体。棋手明星效应及相关产品（签名、棋扇、指导棋等），古代、近现代围棋故事，精彩技术讲解等与围棋本身有关的内容都能够对其实现有效吸引。

后者目前大多还处于学业的上升通道之中，并且因为围棋民间普及市场准入制度的不完善，各地基层培训教师在培养初学者持久热爱能力方面参差不齐，兼之有升学压力，校园围棋环境并不乐观，缺乏有效的组织和活动，如何唤醒这一部分深受流行文化影响的青年群体对围棋的热情，是围棋从业者和市场需要探讨和研究的重要课题。但从目前文化市场的消费份额来看，广大青少年群体已经是不可或缺的围棋消费主力，其消费潜力仍可大力挖掘。

对待这些对文化消费有着更高要求与更多意愿的群体，在赛事宣传、传播上更需要精细化、主题化、特色化。如可在围棋赛事中探索以益智为主题的亲子专场，以日本动漫（如以《棋魂》）为主题的 cosplay 专场，以"下围棋的女人更美丽"为主题的女性专场等特色活动。将可以附着在围棋上的各种属性最大限度地挖掘出来，以赛事为中心设置各种相关活动，从而吸引到不同种类的消费者反复参与其中，产生盈利空间。

（二）围棋边缘受众

围棋边缘受众是指不懂围棋或者对围棋虽然知道但并无深入了解的人，偶尔关注围棋新闻，更多的是通过综艺、娱乐节目了解围棋名人。

为扩大围棋消费者人口，促进围棋行业长期繁荣，如何使围棋边缘受众加入棋迷队伍是围棋产业做大做强必须迈出的一步。

围棋边缘受众在接触媒体方面，很难直接与专业类围棋媒体产生联系，所依赖的更多是普通纸质媒体、电视媒体对围棋的偶发性介绍，以及在自媒体繁荣的时代里通过朋友和同事对围棋传播产品的转发、转载，从而对围棋产生一定了解。在具体内容方面，围棋的技术环节很难获得他们的关注，但有关围棋人的奋斗经历等故事，围棋棋手在各个方面的特异之处，围棋本身所携带的历史文化轶闻、信息，则是引人入胜的重要内容。

对于围棋边缘受众而言，在成为围棋赛事宣传接纳群体之后，如果能够掌握一定的围棋技术知识，极有可能升级为持久性棋迷。对此，需要围棋赛事在传播宣传中对围棋入门领域要有足够的重视。如何在很短的时间内（如几分钟）让接触者感受到围棋的魅力，找到感兴趣之处，又如何在不长的时间内（如几十分钟）使之掌握围棋入门知识，是打开围棋普及传播之门的重要钥匙。

案例 7-5：围棋人机大战引发社会关注

棋类游戏一直被视为顶级人类智力及人工智能的试金石。人工智能与人类棋手的对抗一直在上演，此前在三子棋、跳棋和国际象棋等棋类上，计算机程序都曾打败过人类。围棋人机大战真正引起大众关注是源于 2016 年 1 月 27 日英国《自然》杂志的一篇文章。这篇文章称，谷歌的人工智能围棋程序阿尔法围棋（AlphaGo）在 2015 年 10 月份以 5 比 0 的战绩完胜欧洲围棋冠军、职业围棋二段樊麾，这是人类历史上，围棋人工智能（AI）首次在公平比赛中战胜围棋职业棋手。

2016 年 3 月 9 日至 15 日，阿尔法围棋与世界冠军李世石九段在韩国首尔进行的五番棋比赛，结果阿尔法围棋以总比分 4 比 1 战胜李世石。李世石与阿尔法围棋人机大战期间，关于人机大战的报道成为了国内各种媒体的头条，风头完全盖过了足球、篮球这些风靡世界的运动。在围棋普及率极低的欧美国家，英国广播公司（BBC）、路透社、美联社、法新社这些主流媒体也对比赛进行了详细报道，这在以往几乎是不可能的。通过人机大战，围棋在全球进行了一次大范围传播。

2017 年 5 月 23 日至 27 日，阿尔法围棋与世界冠军柯洁九段在中国嘉兴乌镇进行三番棋比赛，结果阿尔法围棋以总比分 3 比 0 战胜当时世界排名第一的柯洁。柯洁虽然输了，但是凭借本次人机大战成功获得了更大的关注，随后他更是亮相《开学第一课》《快乐大本营》《吐槽大会》等电视节目，通过个人的影响力，让许多非围棋核心受众认识、了解围棋。

三、传播内容

传播内容是指通过媒介传递的各种信息，是人与人之间、人与社会之间进行的信息传递、信息接受或者信息反馈，其特点是综合性、共享性、快速性和广泛性。

传播内容要解决"为什么说""说什么""怎么说"的问题，也就是要说清楚什么时候、在哪里、发生了什么事以及有什么结果，即时间、地点、人物和事件。

传播内容要从受众需求出发，多角度考虑用户兴趣点，使用户感受到情绪或观点的共鸣，进而产生情感渲染；要精细化创作，既要在垂直领域挖掘内容资源，也要在横向领域对内容资源进行细分，聚焦用户需求，实现传播内容的快速扩散分享。

要挖掘围棋赛事中的各种信息资源，梳理用户需求和兴趣点，聚合围棋赛事中的美女、儿童、围棋名人对决等相关元素，在保持对围棋赛事整体进行综合内容传播的同时，又要分类对各类元素进行内容的细分传播。

总之，有效的围棋信息传播，首先要有适合传播的优良的内容，然后选择不同传播策略，综合运用不同的传播媒介，送达目标受众，才能达到最佳的传播效果。

第二节　围棋信息传播模式与策略

有效的围棋信息传播，要综合运用不同的传播媒介，同时也要善于选择传播方式，拓展传播形式。以围棋产业中最重要的赛事为例，在办好赛事的同时，如何做好宣传推广，使其获得广泛的传播，将直接影响到围棋赛事的可持续发展。

一、传播模式

传播模式是指研究传播过程、性质和效果的公式。20 世纪 20 年代以来，西方传播学研究中出现了反映不同观点和不同研究方法的多种模式。早期多为单向线性模式，20 世纪 50 年代以来普遍强调传播是双向循环过程。具有代表性的传播模式有："5W"模式、香农—韦弗模式、施拉姆模式、N 级传播模式、德弗勒模式、波纹中心模式以及一致性模式等。

"5W"模式。1948 年由美国政治学家 H.D. 拉斯韦尔提出。该模式首次将传播活动解释为由传播者、传播内容、传播渠道、传播对象和传播效果五个环节和要素构成，即：谁（who）、说什么（says what）、通过什么渠道（in which channel）、对谁说（to whom）、产生什么效果（with what effect）。西方的研究认为"5W"模式概括性强，对大众传播的研究起了很大的推动作用，但它忽略了"反馈"传播因素。

香农—韦弗模式，又称传播的数学模式。1948 年由美国数学家 C.E. 香农和

W. 韦弗提出。特点是将人际传播过程看作单向的机械系统。西方认为，此模式开拓了传播研究的视野，模式中的"噪音"表明了传播过程的复杂性，但是"噪音"不仅仅限于"渠道"。

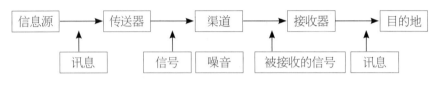

图 7-1　香农—韦弗模式

施拉姆模式。20 世纪 50 年代由美国传播学者 W. 施拉姆提出，是较为流行的人际传播模式。此模式强调传播者和受传者的同一性及其处理信息的过程，揭示了符号互动在传播中的作用。图中的"信息反馈"，表明传播是一个双向循环的过程。

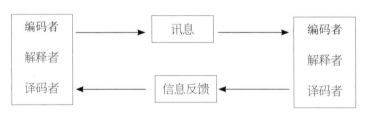

图 7-2　施拉姆模式

N 级传播模式，它是对两级传播观点的修改和补充，也称多级传播。拉扎斯菲尔德等人在《人民的选择》中提出两级传播假说之际只注意到了一层意见领袖的存在，后来拉氏和卡兹在《人际影响》中对此作了补充，提出意见领袖是多层次的。社会学家罗杰斯在考察农村革新事物的普及过程时，把大众传播区分为"信息流"和"影响流"，认为信息的传播可以是"一级"的，即媒介信息可以直接抵达一般受众；而影响的传播则是"N 级"（多级）的，其间经过大大小小的意见领袖的中介。这样，两级传播假说便发展成"N 级传播"假说。

德弗勒模式，又称大众传播双循环模式。20 世纪 50 年代后期由美国社会学家 M.L. 德弗勒提出。在闭路循环传播系统中，受传者既是信息的接收者，也是信息的传送者，噪音可以出现于传播过程中的各个环节。此模式突出双向性，被认为是描绘大众传播过程的一个比较完整的模式。

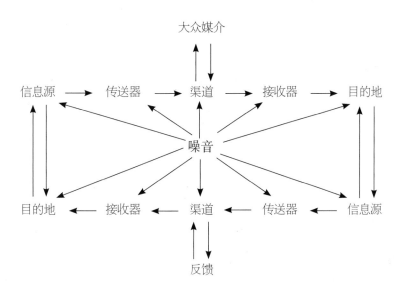

图 7-3 德弗勒模式

目前围棋赛事传播模式大致雷同，侧重于棋局内容、现场图片、视频播报、棋手采访，能够及时、快捷地为围棋爱好者带来最新赛事信息，同时提供注重情怀抒发的评论性文章。但目前的围棋赛事传播模式仅仅注重比赛信息的传递，并未重视到信息接受方的吸纳程度以及反馈，更未能根据接受方的特点制作细分化的传播信息。

造成这一现象的原因有多种，但传播策略选择正确与否是至关重要的原因之一，在传统的围棋传播过程中，只关注到了一级意见领袖，而忽略了传播环节中其他大大小小的意见领袖中介，最终围棋盛事变成了棋圈里的盛事。

据此，我们认为多级传播可能是理想的围棋信息传播模式，只有将信息传播到能传播至下一级别的"信息中转者"，才能实现各环节的有效打通。在这个意义上，现有围棋媒体的传播效果都只是一级传播。赛事如果要通过扩大影响力来换取盈利空间，必须在保持与一级传播的现有媒体紧密合作的基础上，与各个城市能够实现二级传播，乃至多级传播的媒体构成密切联系，完成信息的多级传递。

总之，围棋赛事传播理想模式与现有模式的根本不同在于是否以受众为核心对象制作宣传报道，并充分利用传播过程中大大小小的意见领袖的影响力，扩大围棋赛事的影响力。这对于现有传播模式而言是一种颠覆，也是开辟新路之举。但如果要打破原有围棋赛事模式，从赛事赞助单纯依靠个人热情出资转变为可以从受众群体中盈利，推动围棋的产业化发展，就必须将受众当作消费者来服务，通过各版块的联动争取到更多受众的关注。

二、传播策略

传播策略是指在信息传播中重点围绕切入点和关键点，媒介对其进行深入的传播宣传策划、组织报道，采用更具体而多元的方式为受众提供更多的信息内容。其在信息采集、内容生产、调动受众等多个方面，可以借鉴其他信息的探索经验。

（一）传播策略要解决与传播受众之间的有效互动

目前，中国的围棋赛事普遍存在重竞技轻文化的现象。赛事组织形式与内涵单一，就普通棋迷而言，往往缺乏参与感。

在围棋爱好者看来，现有赛事的服务质量有待提升，广大棋迷的参与空间较小。事实上，只要服务质量新颖到位，他们很愿意参与其中。有围棋爱好者总结，他们需要的比赛应该具有"切身的可参与感和可展示的回忆"两大特点。前者指爱好者作为主人翁的形式出现，参与比赛讨论，加入团队阵营；后者在物质上指赛事相关的衍生品销售，可供参与者购买后作为分享经历的物质载体。在精神上指现场的气氛——经优秀的解说员活跃活动现场，比赛本身的刺激性和悬念性所激发出的热情与感染力，是任何线上活动都无法比拟的，同时也是围棋作为一项竞技运动应该带给参与者的魅力。

要吸引社会大众对围棋的关注，这就不仅需要比赛本身精彩，还要在围棋文化上做足功夫，从而形成与传播受众的有效互动。

从传播的主体的角度说，在围棋活动进行中，如何让比赛与传播受众形成互动，让赛事有更丰富的内涵，更具吸引力，也是围棋活动的组织者需要充分考虑的。2015年开始的城市围棋联赛对此作过一些有益的探索，并取得了很好的效果。如在联赛进行中，特别是揭幕战、颁奖典礼等比较大型的活动中，既围绕棋文化主题进行文艺表演，又组织棋文化论坛或讲座，如围棋产业化、围棋与教育、围棋与城市生活品质、围棋与企业管理等。

而欧洲围棋大会，不仅比赛形式丰富多样，在传播方面也值得我们借鉴。比如比赛场地的布置、气氛的渲染。赛场外的大堂里，到处贴着关于欧洲围棋和棋手的介绍、报道及各种与围棋有关的宣传画。充满创意且带有围棋元素的画作，感染着现场观众的热情，更激发了观众参与围棋赛事的热情，从而拓展了围棋传播的方式。

（二）传播策略要解决与传播媒介的融合应用

纸质媒体、电视媒体、网络媒体等传播媒介，其经营特征、影响规模、受众范围、传播速度、互动方式及信息质量等各有特点，围棋产业可能的受众——围棋核心受众和围棋边缘受众也有各自的需求导向。因此，围棋信息传播策略要坚持自营与合作相结合。

要打造自己的传播媒介平台，如微信公众号、官网等；也要借助纸质媒体、电视媒体等传播媒介，形成多方位、立体化的传播媒介发布体系。在围棋赛事宣传与报道方面，既建立自己的宣传队伍（可以采取专职与兼职相结合，以特约作者为主体的方式），满足日常宣传与深度报道及理论研究的需要，又可以在重要活动和比赛的重要场次，邀请有关媒体参与，形成互动与互补。这样既可提高宣传质量，针对不同的媒体和读者群，提供不同的报道，又可节省相关费用。同时，要搭建不同的宣传模式，选择有针对性的不同媒体，构成多角度的宣传渠道。

（三）传播策略需解决与传播模式的多级传播

现有围棋赛事传播模式存在着仅仅注重比赛信息的传递，并未重视到信息接受方的吸纳程度以及反馈，更未能根据接受对象的特点引入理想的传播模式，由此，要构建理想传播模式，需要立体思维，将围棋赛事打造成一个集竞技、娱乐、文化、艺术于一体的有机系统。

围棋赛事传播搭建多级传播，构成全国性媒体与地方性媒体、专业媒体与非专业媒体相结合的传播媒介整合及融合。而在宣传内容方面，打破固有模式，根据不同的受众制作不同的信息，从而扩大受众人数，增长盈利空间，为更多线下活动的开展提供可能的赛事传播案例。

围棋的传播既要抓住围棋核心受众，让其乐于参与，又要吸引围棋边缘受众，让其关注，因此围棋的传播需要打造成一个围棋赛事、文化、艺术于一体的活动。所谓"叙事背景"，也就是需要赋予比赛除竞技之外的更多的内涵。从传播的角度说，就是跟比赛有关的人、事、地理、文化，都可以纳入报道的范围，有了"背景"，"故事"才会更显丰满，才会有更多的可读性，而不再仅仅局限于比赛胜负的信息。围棋赛事的传播，如果能让全国性媒体和地方性媒体共同参与，棋迷和社会大众共同关注，不光是体育记者，甚至娱乐与文化记者也乐于报道，那它的传播就真正成功了。

案例 7-6：《谁是棋王》：围棋竞技、文化、综艺融合的尝试

"谁是棋王"中国围棋民间争霸赛是由中央电视台体育频道、中国职工文化体育协会、中国围棋协会共同主办的一项赛事。旨在为百姓搭建实现梦想舞台，引领全民健身的热潮。

2015年11月10日，"谁是棋王"活动在北京正式启动，历时四个多月，分为海选赛、小组赛、总决赛三个阶段，参赛选手涵盖全国32个行业界别，共计近10万人参与到活动中。它秉承"让围棋回归草根，让围棋回归文化"的宗旨，取得了很大的成功。"谁是棋王"中国围棋民间争霸赛从传播的角度说有以下特点和创新之处：

第一，传播策略的准确定位。

作为一项围棋赛事，"谁是棋王"中国围棋民间争霸赛突出的是"民间"，赛事本身就有别于由职业棋手和个别业余顶尖高手参加的CCTV电视快棋赛，也不同于其他的职业和业余赛事。从定位为草根、大众出发，突出广泛性、群众性、普及性。由此，比赛从海选开始，只要会下一点围棋的，人人皆可参与，这样使比赛有了广泛的群众基础，有了最广泛的参与度。而这恰恰是大众传播得以成功的核心要素。

《谁是棋王》除了选手的比赛，也设置了"棋王一盘棋"，由参加活动的嘉宾共同完成。从启动仪式上开棋，到总决赛落下162手，这盘棋历时四个月，跨越千山万水、涉及各行各业民间棋迷及国内外一流棋手，充分体现了活动的广泛参与性。

而围棋作为一种竞技，与球类竞技相比，又更具文化性。围棋是中国文化的重要组成部分，甚至被看作中国文化的象征之一。《谁是棋王》将节目定位为：大力弘扬中华民族五千年的文化积淀与传承，强调作为中国人所需具备的文化精神元素与底蕴，弘扬一种植根于中华民族优秀传统文化并开花繁茂于现代社会的新时代的精神文明。为此，《谁是棋王》将竞技与文化高度融合起来，使其不再是一个单纯的比赛，而具有了浓厚的文化气息。比如，八个组别的比赛分别在八个不同的地方进行，把当地的围棋文化、地域文化融合进来。而在节目环节上，棋手在小组赛阶段不仅要展示深藏不露的高超棋技，还面临才艺表演的考验，充分考察选手对中国传统文化的理解。这样大大丰富了围棋的内涵，赛事推广同时也成了文化传承、传播的过程。

第二，传播方式的创新。

《谁是棋王》是一档棋类电视节目。以往的棋类比赛节目，一般都是比赛直播加专业棋手讲解的方式，突出的是纯粹的竞技性；而其他的棋类专题节目，也多是以技艺讲解、传授为目的，这样大大限制了受众面。为解决这个问题，《谁是棋王》将一个比赛做成了一档全新的围棋综艺节目，它将围棋与文化、综艺、地域特色文化结合在一起，节目往往以开场歌舞开始，对局在舞台中具有浓厚的传统文化特色的亭子里进行，在比赛中有讲棋，有嘉宾点评，有竞猜，有传统的诗词歌舞表演，有地方文化和围棋文化呈现等，这样大大提升了节目的娱乐性和观赏性。

第三，传播手段的多样性、立体性。

《谁是棋王》分为海选赛、小组赛、总决赛三个阶段，根据各个阶段不同的特点，不同阶段，节目的呈现方式也就各有侧重。比如，海选阶段，节目制作更多的是以专题的方式，报道各地海选的情况，同时展示各阶层的人的围棋人生。例如2015年11月21日的第一期。除了启动仪式，"开局日日新"选取保山山区的一所小学校园，展示那些第一次接触围棋的山区孩子如何下围棋，还有北京万泉小学的赛场，则侧重弈礼弈德的呈现。在长沙举行的金融证券行业的比赛，让金融界的棋迷谈围棋与金融的关系。在围棋人物中，"围棋名人坊"，让当时的中国围棋协会主席王汝南回顾自己的围棋历史，文艺界别的姜昆谈自己的围棋经历；"草根中国流"有来自云南的小女孩罗慧鹃如何接触围棋，望京围棋俱乐部伍艾云与围棋的结缘。还有"人生胜负手"介绍"围棋博士"何云波的黑白人生。这里侧重的是文化，是不同的人的围棋人生。小组赛阶段则将比赛、讲棋与文化呈现、综艺展示相结合。总决赛由胡煜清和于清泉争夺棋王宝座，在综艺节目框架下，更突出比赛的紧张性和"棋王"的诞生过程。为此，不仅包括"棋圣"聂卫平率中国棋界近十位世界围棋冠军一同亮相，总决赛还设北京望京与上海分会场，利用卫星信号同步播出分会场盛况。世界冠军常昊九段、著名棋手丁伟九段分别坐镇两个分会场，同胡煜清和于清泉的家人朋友一起为他们加油助威。

为了取得更好的传播效果，《谁是棋王》每期都会邀请各界的嘉宾参与节目。这里不仅有在中央电视台《百家讲坛》中很有影响的学者如王立群、郦波、蒙曼，也有棋界著名棋手如聂卫平、王汝南，文艺界的姜昆，棋文化研究专家如林建超、何云波，还有比赛举办地的一些地域文化研究者、棋迷，以草根为基础，以名人为亮点，相互结合，互为补充，更能拓宽赛事的基础，扩大赛事的影响力。

《谁是棋王》传播方式不仅具有多样性的特点，也呈现出立体性。不仅CCTV5、CCTV5+ 以比赛＋特别节目的形式，自海选赛开始全面跟踪报道，各档体育新闻也全力配合展现民间棋手的围棋故事。还有各网络媒体、平面媒体跟踪报道，形成全方位的立体传播，大大扩大了赛事的影响。

第四，成功的二次传播。

成功的传播，不仅是一次性的，还需要通过后续的传播，使其影响力更为持久。历时四个月的比赛结束之后，"谁是棋王"又推出了一系列后续活动。如"围棋公益行"，让参加比赛的棋手走进江西、福建、西藏、北京等地，还有宝岛台湾，进行围棋推广的公益活动。而之后推出的"谁是棋王"名人围棋队际赛表演赛，则使"谁是棋王"持续发酵，又掀起余波。

之后，节目组编撰了《"谁是棋王"中国围棋民间争霸赛纪实》一书，用文字记录《谁是棋王》这档电视节目。本书全面记录了比赛过程，通过资料搜集和二次创作，丰富了电视节目的内容，把电视节目无法呈现的内容通过文字和图片展现出来。两种不同的媒介构成了两种不同的传播方式，它们相互补充，取得很好的二次传播的效果。书的封面上的文字，强调"谁是棋王"是"首次以国家央视名义倡导发起组织的全国性围棋活动：把高雅融进草根，把竞技变成快乐，把娱乐升华为理智，把传承交还给大众，把棋盘扩展到全国"，这一概括，也让"谁是棋王"的宗旨更为深入人心。

第三节　围棋信息传播趋势

在5G、人工智能、大数据、物联网等技术的推动下，信息传播格局正在发生深刻变化。新技术渗透到信息传播的各个环节，多种智能型传媒产品诞生，传播手段和形式不断创新，媒体融合成为热点。让信息传播从"以内容呈现为特征"迭代到了"以视频化、可视化的方式，更深度、更直接地实现人与人之间的连接"。在此背景下，围棋信息传播将会呈现如下趋势：

一、媒体融合重构围棋信息传播路径

"互联网＋"时代，媒体要真正提升到达用户、影响社会的能力，就必须充分运用互联网思维，把握社交媒体语境的本质特征与传播的关系，维护好用户与产品之间的关系、用户与媒体之间的关系、用户与用户之间的关系，重构虚拟空间与现实空间的关系。

2014年，被业内公认为是"媒体融合元年"。这一年，中共中央出台《推动传统媒体和新兴媒体融合发展的指导意见》，明确要求促进传统媒体和新兴媒体融合发展，坚持内容建设为根本、先进技术为支撑，推动传统媒体和新兴媒体在内容、渠道、平台、经营、管理等方面深度融合，加快建设形态多样、手段先进、具有强大竞争力和传播力的新型主流媒体。

技术的推动、生存的需要、政策的导向，都是媒体融合实践的直接动因，而其根本意义，则在于媒体传播力的提升。无论从政治、文化意义上讲，还是从经济意义上讲，均是如此。传播力是文化软实力的内核，也是市场竞争力的基础。

媒体融合重构了围棋信息传播路径，以往媒体的用户群以个体存在，阅读围棋新闻或观看围棋赛事都是个体行为，个体与个体之间没有任何关联。而媒体融合使媒体用户群发生了彻底改变——由个体转变为社群，这一转变带来的最大变化是围棋信息的情感沟通和价值共鸣超过了围棋信息内容本身，也促进围棋信息内容更加细化与分级。

二、围棋信息传播渠道与形式更加多元化

（一）内容层面：拓展围棋信息传播的深度

传统媒体与新兴媒体融合背景下，围棋信息传播需要实现内容生产流程的一体化，即"中央厨房"式的全媒体采编和内容生产平台，统一资讯尽可能以文字、图片、音频、视频等不同形态采集，制作成适合不同媒介传播特点的内容，根据受众的接受习惯进行全方位、立体式的发布，力求达到最优化的传播效果。

（二）平台层面：延伸围棋信息传播的广度

围棋信息传播平台的整合是媒体融合的一个重要维度，也是最直观的维度。媒体发展的基础是技术，技术融合是媒体融合发展的第一推动力。要快速应变媒体融合之势，围棋信息传播在运营观念和盈利模式上要进行全方位的重组与改造，在"聚合"的视角下，不断推动围棋信息的融合发展。

（三）制度层面：构建围棋信息传播融合规制体系

要构建适应媒体融合时代的围棋信息传播规制模式不仅是一种迫切的现实需求，也是一种重要的理论探讨：由于媒体融合环境下规制主体、对象、过程、类型和方式的发展变化，急需改变基于行业区隔的规制思维，突破单一的规制模式，内容规制和结构规制也需转型。

三、可读性、可视性将成为围棋信息传播主流形态

新媒体时代，媒体与受众的关系从单向灌输向双向互动转变。媒体与用户之间，随时都在进行信息、观点、情感的交流、交锋、交融。从简单交互，到深度参与，直至出现像微博、微信、抖音、快手这样几乎完全由用户提供内容的产品，媒体与用户日益成为信息传播共同体、价值判断共同体、情感传递共同体。用户的数量、停留时长、参与程度，代表媒体对受众的聚拢吸附能力、社会动员能力和行为塑造能力，构成媒体视为生命的传播力、引导力、影响力、公信力。

从可读到可视、从静态到动态、从一维到多维，将成为围棋信息传播主流

形态，而视频将成为未来围棋信息传播的主要传播形态。随着 5G 时代到来，拍摄、制作、上传的门槛极大降低，围棋信息视频必然将迎来爆发增长。当然，围棋信息视频并不是剪短了的传统围棋电视视频，它一定是：同期、及时、快速、新颖，去电视化、移动化和社交化的。

四、围棋信息通过社群传播带来更深的交互体验

信息传播进入数据化、移动化、智能化时代的同时，也在向个人化、分享式、互动式转变，传统的读新闻、听新闻、看新闻将逐渐演变为以兴趣爱好趋同的社群传播。

社群传播，即社群媒体，是针对社群生产内容和由社群产生内容的媒介组织；可以分为工作社群、亲友社群、朋友社群、职能社群等类别。用户通过社群获取信息，即时发表评论的方式交互，例如用户借助设备和传播技术的辅助，用自己的手机摄像头召开视频会议讨论，让每一个参与的人都可以成为内容的接收者和生产者，实现身临其境的体验新闻，体验全新的沉浸式、跨时空的交互体验。

对围棋信息传播来说，要做好社群传播，一是要建立有特色的围棋社群品牌，盘活粉丝资源；二是围棋社群分享要常态化、多元性，保持社群的活跃度；三是围棋社群要小而精，提高社群的互动转化率；四是围棋社群要有高传播黏合力。

五、专业生产内容与用户生产内容共存的局面日趋普遍

根据生产方式来分，可以分为以专业生产内容（PGC，全称 Professional Generated Content）和用户生产内容（UGC, 全称 User Generated Content）。前者由组织者生产，内容更加权威全面；后者由用户生产，信息可能良莠不齐，但是更加贴近用户。

在经历了以微博、微信、抖音、快手等为代表的 UGC 内容的大规模增长后，人工智能技术驱动的算法改变信息传播的逻辑和规则，信息与人的关系由以前的人找信息转变到现在的信息找人。在此背景下，越来越多的 UGC 通过算法得以传播。顺应这一趋势，围棋信息的生产传播，要坚持两条腿走路，一方面依

靠专业机构生产精细化、专业化的内容，另一方面运用自媒体、围棋用户生产受众喜闻乐见的内容，做到既体现信息传播主题的主流价值判断，又能满足用户个性化需求。

六、跨界融合使信息传播更具活力

跨界融合将成趋势，信息的传播也将有更加丰富的场景。围棋可以围绕赛事、名人、历史、事件等内容，采用综艺节目、短视频、直播、MV 等形式，除了在线上传播，同时综合利用大篷车、高铁、户外大屏幕、无人机等载体，扩大覆盖面和影响力，增加围棋传播的活力。

未来已来。面对传播技术和传播媒介的不断升级，我们也要清醒地认识到，信息内容和用户依然是核心。抓住机遇，应对挑战，坚持正确的舆论导向，构建一个"以用户为核心"的生态，让围棋信息传播为围棋的普及插上翅膀。

【复习思考题】

1. 围棋信息传播的媒介主要有哪些？各有什么特色与不足？

2. 如何构建围棋赛事传播的理想模式？

3. 如何扩大围棋信息传播的受众？

4. 为何说可视性、动态、多维将成为围棋信息传播主流形态？

第八章　围棋领域的组织与产业人才

本章导读：

围棋领域的组织主要介绍围棋领域中各类企业、政府部门、学校和社会团体在产业中的作用。围棋产业人才主要介绍人才的分类、培养方式，分析产业人才存在的问题并提出人才发展建议。

学习目的：

1. 了解围棋各组织在围棋领域中的作用。
2. 了解围棋产业人才的分类。
3. 了解围棋产业人才的培养现状与培养方式。

第一节　围棋领域的组织

马歇尔在其出版的《经济学原理》一书中，把组织列为一种能够强化知识作用的新的生产要素，其内容包括企业内部组织、同一产业中各种企业间的组织、不同产业间的组织形态以及政府组织等。具体而言，组织可以按照组织的规模、组织的社会职能、组织内部是否有正式分工等方式分类，本章从围棋领域组织的社会职能不同，将其分为文化性组织、经济性组织和政治性组织。重点介绍围棋相关企业、政府部门、学校及社会团体在围棋产业中的作用。

一、围棋相关企业

围棋相关企业主要包括围棋赛事竞赛运营企业、赛事场馆运营企业、围棋培训企业（机构）、围棋用品用具及文化创意衍生品研发及制造企业等。其在围棋领域中的作用主要表现为：

第一，围棋相关企业是围棋市场的主要活动主体。围棋相关企业是围棋市场经济活动的主要参加者，围棋市场经济活动的顺利进行离不开围棋相关企业的生产和销售活动，围棋相关企业的生产和经营活动直接关系着整个围棋产业市场经济的发展。

第二，围棋相关企业是围棋领域生产和流通的直接承担者。围棋领域经济活动的主要过程是生产、流通，这些活动是由围棋相关企业来承担和完成的。

第三，围棋相关企业是促进围棋产业技术进步的主要力量。围棋相关企业在经济活动中通过生产和经营活动，在竞争中不仅创造和实现社会财富，同时研发先进技术和采用、制造先进生产工具，客观上推动了围棋产业技术的进步。

二、政府部门

直接管理围棋项目和各级围棋协会的政府部门是各级体育主管部门或棋牌运动管理中心或社会体育指导中心。其主要职责包括：

第一，指导围棋运动项目，促进体育事业发展；

第二，负责围棋项目运动队建设，围棋项目后备人才培养；

第三，负责围棋项目注册管理，围棋项目竞赛规程、计划制定；

第四，负责围棋项目裁判队伍管理，群众性围棋运动竞赛管理与组织，负责围棋项目教练员、裁判员等级培训；

第五，负责围棋竞赛组织、审核、批准以及运动员等级的审批工作；

第六，负责围棋运动项目的业务管理工作和围棋运动队伍参加国内、国际比赛的集训和参赛的组织工作；

第七，负责围棋文化的挖掘与传承。

围棋运动的普及程度受多重因素的影响，一般而言，政府重视程度越高的城市，围棋运动的普及程度和发展水平也相应较高。政府在围棋项目发展过程中的作用主要表现为：

第一，宏观调控及市场监管。首先，政府通过制定和运用财政税收政策和货币政策，对围棋经济运行进行间接的、宏观的调控。其次，政府为确保围棋市场运行畅通、保证公平竞争和公平交易、维护围棋相关企业合法权益而对企业和市场所进行管理和监督。

第二，提供良好的政策环境。近年来，政府深化体制机制改革，构建服务型政府，建设竞争、开放、统一、有序的市场。这些政策虽然并非专门针对围棋产业，但是对于提高围棋产业从业主体的积极性，发挥其在资源配置中的作用，促进产业健康持续发展仍然具有重要作用。例如：政府通过出台围棋进校园的政策，并要求相关部门出台实施细则，指导围棋协会制定培训行业准入条件和教学服务质量标准，责成相关部门加强市场监管，从而有助于建立规范的培训市场秩序，为围棋产业创造良好的政策环境。

第三，促成围棋产业集群的形成。政府通过制定产业政策，完善相关配套措施，综合采用财政、金融、法律、税收等手段培育围棋产业孵化器。开办公共培训机构，实施优秀人才引进战略，形成地方专业化人才市场，为产业发展提供便利，促进围棋优质产业集群的形成。

三、学校和社会团体

（一）学校

本章中的学校指开设有专门的围棋课程或举办围棋相关活动的学校，包括中小学、幼儿园及高校。

中学、小学及幼儿园开设围棋课程，不仅有助于推动围棋项目的推广普及，塑造学习围棋的社会氛围，传承围棋文化，同时还能培育围棋消费群体，为孩童提供接触、参与围棋的机会，让不懂围棋的家长了解围棋、认可围棋的价值。

高校作为传承知识、促进社会进步的主要载体，开设围棋专业课程，招收围棋特长生，能够为社会提供围棋产业高层次人才尤其是管理经营人才，同时，高校还是围棋产业科技进步的重要技术支撑，例如清华大学开发的"绝艺"已经成为中国围甲训练的重要手段，在提升我国围棋竞争力方面功不可没。

案例 8-1：中国围棋协会首家"全国围棋特色学校"授牌学校

2016 年 10 月 9 日，北京第二实验小学洛阳分校被中国围棋协会授予"全国围棋特色学校"荣誉称号，该校成为中国围棋协会在全国授牌的第一所围棋特色学校。

时任中国围棋协会主席王汝南在授牌仪式上致辞，他表示，"全国各地有围棋特色的学校不少，各有特点，经中国围棋协会正式授牌的，这是第一所"，洛阳作为围棋之乡，在围棋活动的普及和发展方面有着丰厚的基础和优势，北京第二实验小学洛阳分校自成立以来就把围棋纳入课堂教学，此次授予该校"全国围棋特色学校"荣誉，也希望学校能够在围棋活动的普及上继续起模范带动作用。同时，围棋是一项智力活动，希望孩子们能够通过参加围棋活动，变得更聪明、更优雅。

为了更好地深入开展围棋教学活动，北京第二实验小学洛阳分校专门成立围棋课程领导小组，制定了围棋课程发展规划。不仅要让围棋走进学校，更要让围棋走进孩子们的世界，以提高孩子们的素质，让孩子们了解祖国的优秀传统文化，让孩子们掌握围棋的基本知识和技能。

（二）围棋协会

围棋协会是具有独立法人资格的群众体育社会团体，负责围棋项目的普及与提高和相关竞赛工作，拥有运动员、赛事活动和培训等方面资源。围棋协会包括中国围棋协会及各级围棋协会，中国围棋协会是全国性围棋行业社团组织，各地方、各领域的围棋协会作为中国围棋协会的团体会员，承认、接受和实施中国围棋协会的章程与决议。围棋协会主要职能包括：

第一，负责管辖范围内围棋项目的管理，研究和制定该区域围棋发展目标、政策、行业规范及规划，指导和管理该区域的围棋运动；

第二，举办或与有关部门联合举办管辖范围内的围棋竞赛活动，承办全国和国际性围棋竞赛活动；

第三，根据相关授权，组建、管理、运营管辖范围内围棋队，并代表协会参加各级围棋赛事。

围棋协会在围棋发展中的作用，主要包括：

第一，行业监督作用。围棋协会依据《章程》和《行业公约》赋予的职责履行对行业的监督职能。营造自律公平竞争的环境，确保围棋行业成员之间的正当、有序竞争。

第二，参谋助手作用。围棋协会是围棋行业的权威组织，可以为政府发展围棋行业提供决策服务。

第三，桥梁纽带作用。把企业的意见反映给政府和社会，把政府的方针、政策和社会的要求传达给企业，促进双方的互相理解。

案例 8-2：中国围棋协会实体化改革

党的十八大以来，党中央、国务院高度重视社会组织改革发展工作，明确提出"走出一条具有中国特色的社会组织发展之路"。2019年6月，国家体育总局正式批准并通知执行《中国围棋协会实体化改革实施方案》。改革方案的核心内容是，原由棋牌中心负责的围棋业务、职责，全部交由中国围棋协会负责。这是国家围棋行业、事业管理模式的根本性、历史性的变革。

中国围棋协会实体化改革满足了广大人民群众对围棋行业发展的迫切需求；也是我们国家围棋事业发展与国际围棋事业发展相接轨的一种必然要求。围棋作为一项特殊的体育文化项目，它既是一种智力竞技运动，又是中华优秀传统文化的精粹和集中体现，在新的历史条件下，受到了各级、各领域广大人民群众的重视、关怀和支持，大量新的社会资源涌入了围棋领域。过去长期存在的、依靠行政体制来管理围棋事业的形式已经满足不了社会资源的需求。

由协会来管理围棋运动能够更好地为广大围棋爱好者、为围棋机构发展服务。其具体有五个鲜明的特点：第一，它增添了包容性。第二，它增加了代表性。第三，它增加了权威性。第四，它增加了专业性。第五，它增加了服务性。

（三）俱乐部

围棋俱乐部分为职业俱乐部和业余俱乐部两种。

职业围棋俱乐部是指以通过比赛获取收入、奖金和企业品牌宣传效果等需要为目的，由职业棋手组成的社会团体，其经费主要是由企业家或公司提供。

职业围棋俱乐部的特征表现为：遵循市场经济的基本规则，将职业运动员高水平围棋竞赛及相关产品作为商品来经营，从中获得经济利益的一种体育经济活动。在总的发展趋势上，职业围棋俱乐部正朝着商业化、娱乐化、社会化、国际化的方向发展。职业围棋俱乐部在围棋产业中的积极作用主要表现为：第一，扩大了围棋竞技项目的社会影响，丰富了人民群众的生活。第二，竞技围棋的经济价值得到开发利用。第三，推动了我国竞技围棋的改革与发展。

业余围棋俱乐部是指业余围棋爱好者出于参加体育活动需要，以会员制形式组织起来的社会团体，职业棋手往往也会参与其中，但作为组织者和核心成员存在，主要发挥吸引业余围棋爱好者聚集的作用。业余围棋俱乐部为业余围棋爱好者提供下棋场地和设施设备，其经费来源一般为收取设施出租费、会员费或赞助等。

业余围棋俱乐部的特征为：会员多出于交友、娱乐等目的，利用业余时间参加俱乐部活动。业余围棋俱乐部的蓬勃发展有助于推广围棋运动，扩大围棋群众基础。

第二节　围棋产业人才

国家发展靠人才，民族振兴靠人才，人才是兴国之本、富民之基、发展之源。对于围棋产业亦是如此。

一、围棋产业人才概述

《国家中长期人才发展规划纲要（2010—2020）》指出："人才是指具有一定的专业知识或专门技能，进行创造性劳动并对社会作出贡献的人，是人力资源中能力和素质较高的劳动者。"围棋产业人才是指围棋产业相关领域的专门人才、专业人才，是围棋产业发展的第一资源。

（一）围棋产业人才的作用

1.围棋产业持续健康发展的必要保障

围棋的产业化、商品化的过程是科技与资源等转换为生产力的过程，只有通过劳动者的大规模生产才能够实现。在生产的过程中往往要求劳动者学习与掌握一定的知识与技能。在产业发展的过程中，专业人员的数量、质量是其关键的核心力量。充分调动专业人才的积极性，才能实现产业的高效益，实现产业的持续健康发展。

2.围棋产业科技创新的主导力量

科技是围棋产业发展的基础与原动力。只有以这种不断创新的科技为基础，围棋产业才能够实现持续、稳定的发展。围棋科技人员研究与发明围棋新技术，为新的生产力开拓奠定了理论基础。因此，围棋科技人才的数量、质量对围棋产业的发展速度、效能及规模有着决定性的作用，充分调动科学技术人才的积极性与创造性，才能够确保围棋产业发展的稳定与持续。

3.围棋相关企业获取成功的决定性因素

围棋产业化是科技转化为现实生产力的必由之路。在转化的过程中，企业的中高层管理人才发挥着组织、领导与决策的作用，占据着决定性的地位。企业中高层人才对知识、技能的掌握情况对企业良性、快速发展有着直接的影响；企业中高层管理人才的科学素质与领导才能对企业决策的方向及企业人才的积极性有着直接的影响。因此，围棋相关企业在发展的过程中，必须具有高素质的经营管理人才，此类人才队伍的壮大对围棋产业的发展有着决定性的作用。

（二）围棋产业人才的分类

围棋产业化人才按其在产业中从事的业务活动划分，可分为：围棋竞赛类人才、围棋场馆类人才、围棋培训类人才、围棋用品用具及文化创意衍生品类人才等。

围棋竞赛类人才是指从事围棋赛事表演活动的专业工作者及开展围棋表演活动的辅助人员。如围棋竞赛业经营管理人员、市场营销人员、媒体宣传人员，及围棋活动中的棋手、裁判、讲棋人等。

围棋场馆类人才是指从事围棋场馆运营活动的专业工作者及开展围棋运营活动的辅助人员。如围棋场馆经营管理人员、招商人员、专项服务人员等。

围棋培训类人才是指从事围棋培训活动的专业工作者及开展围棋培训活动的辅助人员。如围棋培训经营管理人员、市场招生人员、围棋教师等。

围棋用品用具及文化创意衍生品类人才是指从事围棋用品用具及文化创意衍生品活动的专业工作者及开展围棋用品用具及文化创意衍生品活动的辅助人员。如围棋用品用具及文化创意衍生品经营管理人员、设计师等。

（三）围棋产业人才的培养现状

1. 高等院校的学历教育

高等院校是围棋产业人才培养的主要阵地。近年来，体育类院校、师范类院校和财经类专业院校，如武汉体育学院、南京工业大学浦江学院、上海建桥学院等，都开设了围棋产业相关专业。目前我国围棋产业人才培养涵盖专科、本科学历层次。但从整体上看，我国开设围棋产业相关专业的高等院校还不多，即使已经开设围棋产业相关专业的高等院校也还存在着办学基础力量不足等问题，高校围棋产业人才的培养与围棋市场的实际需求存在较为突出的供需矛盾。

2. 政府部门的专项培训

政府在围棋产业人才培养体系中角色定位为宏观管理者，为围棋人才培养提供政策、人力、财力、物力等方面的支持。随着围棋产业的快速发展，为进一步了解和掌握围棋产业发展的趋势和方向，我国各级政府体育管理部门开展了不同层次、不同内容的体育（包括围棋）经营管理人员培训，逐渐形成以体育（包括围棋）产业发展需求为导向的培训运营模式，培养各类围棋产业人员，全面提升围棋产业队伍素质。

3. 围棋培训机构的定期培训

围棋培训机构与围棋市场联系密切，目前我国围棋培训机构的围棋产业培训主要有：一是各级体育局下属的行政事业单位，如各级棋牌运动管理中心组织开展围棋指导员培训；二是围棋行业协会，如中国围棋协会组织的全国围棋教师培训；三是高校凭借自身丰富的人才资源，开设的围棋产业人才职业继续教育和短期培训班。总体来看，现阶段我国围棋产业类培训机构仍以围棋指导员和围棋技能培训为主，面向产业类的培训较少，围棋产业类培训机构对围棋产业人才培养的作用还需进一步拓展。

4. 围棋相关企业内部的定期培训

围棋相关企业的内部定期培训是围棋产业人才培养的重要方式，能更好地培养出认同企业价值观和文化的经营管理人员。一般而言，围棋企业规模越大，就越重视员工的定期培训。由于我国围棋企业普遍规模较小，因此围棋企业的内部培训不多，培训内容主要以围棋产业专业技能和相关体育产业政策学习为主。此外，部分企业采用与高校联合教学模式，通过脱产或不脱产的培训班、研讨班等形式对围棋企业内部高级管理人才、职能管理人才以及基层管理人才进行培养。

案例8-3：上海建桥学院开设围棋专业培养跨界围棋人才

上海建桥学院2018年首次招生传播学专业（围棋方向），目前该专业已成立教学指导委员会，并与《围棋天地》杂志、弈客围棋、同雅堂签订校企合作协议，由媒界、棋界、学界三方共同推进围棋人才培养。

作为国内首批面向围棋产业链的专业之一，上海建桥学院传播学（围棋）专业2018秋季首次招收28名本科生，学生前3年在本校学习，第4年到世界上首所设立围棋专业的高等学府——韩国明知大学的围棋系学习，完成学业并达到围棋业余3段水平，将被授予中国传播学学士学位和韩国围棋学学士双学位。上海建桥学院致力于培养具备传统文化底蕴、较高的围棋专业水准，同时掌握现代传播、商业运营、教育管理等知识和能力的复合型围棋人才。

2018年入学的首批学生只有4名有一定的围棋基础，其他都是零基础入学，经过培养，他们的围棋水平进步很快。在校期间，围棋专业本科生将学习新闻传播、围棋、管理、教育学等课程，并有机会现场观摩中国围棋甲级联赛赛事及赛事大盘讲解、接受专场名师指导棋、聆听围棋大咖讲座等。

中国围棋协会副主席、国家围棋队总领队华学明说：具有一定围棋水准及教学理念的专业教师，是专业建设的一大难点，我们将寻找一些围棋大咖，通过开视频课、指导学生的方式，让学生更有兴趣。

上海建桥学院董事长周星增说：开设这个专业的初衷并非只因自己是上海围棋协会会长，一方面，适应市场所需，为社会培养亟需人才，让毕业生找到理想的工作；另一方面，高校有弘扬优秀传统文化的责任和使命，有这两个方面的考虑。另外建桥学院正在积极筹备建立围棋研究院，进一步为围棋文化的推广研究作出努力。

二、围棋产业人才存在的问题

（一）产业人才供给与需求严重失衡

人才是围棋产业发展的关键与核心，目前的围棋高端人才、围棋培训师资等严重不足，无论是数量上还是质量上都难以满足围棋产业快速发展的需要。另外，从围棋人才的培养体系来看，围棋产业人才暂未形成完整的培养体系，这也制约了围棋人才的供给。

（二）产业人才区域分布和人才结构失衡

从人才分布区域来看，围棋人才集中在北京、上海、广州等经济较为发达地区；高素质围棋人力资源不流向最需要的地方，而是流向条件更好的地区，加剧了人才区域分布失衡的局面。从围棋产业人才结构来看，围棋产业人才主要分布在围棋教育和竞赛表演行业，而分布在场馆运营、围棋用品用具及文化创意衍生品等行业的人才比较少。

（三）产业人才队伍建设缺乏合理的建设机制

一是我国目前仍未形成良好的围棋产业人才队伍建设发展机制，因而缺乏对围棋产业人才的吸引力和凝聚力，主要表现在缺乏常态化、系统化的围棋产业人才投入机制。二是我国围棋产业人才激励机制不够健全，围棋产业人才评价体系尚处于起步阶段，不利于优秀的围棋产业人才脱颖而出，更不利于围棋产业人才积极性、主动性和创造性的发挥。三是企业引才主体作用发挥不够，人才集聚程度有待提高，领军人才单兵作战、缺少高水平的人才团队支撑等。

三、围棋产业的人才需求及培养

（一）围棋产业的人才需求

第一，服务型人才。在"以用户为中心"的互联网思维方式引导下，围棋产业发展理念从以产品为中心向以消费者为中心转移，围棋产业发展结构从以制造业为主导向以服务业为主导转变，服务型人才的发展需求从而增减。在服务经济为轴心的时代，围棋产业人才要以服务于大众围棋健智为宗旨，密切关注时代的发展特征和围棋领域的发展动态，洞察群众围棋运动的消费需求，致力于为群众提供个性化的围棋观赏、参与、消费等体验。

第二，创新型人才。在互联网时代追求迭代创新的理念引导下，在国家实施新驱动发展战略、推动"大众创业、万众创新"的政策引导下，同时在围棋产业本身面临产品低端、内容单一、结构失衡等诸多瓶颈的现实困境下，围棋产业的创新发展不仅是时代政策背景的呼唤，更是自身转型升级的内在要求。而围棋产业无论是在产品生产、营销还是赛事经营、管理等诸多方面的创新都强烈依赖于创新型人才的培养。

第三，应用型人才。围棋产业的创新发展依赖于知识、能力、素质的实践转化。目前我国围棋产业人才培养理论和实践脱节，没有按照围棋产业市场需求有针对性地进行培训。实践性围棋产业人才，不仅要与社会发展接轨、而且要与围棋市场接轨，掌握围棋产业实践发展状况，具有一定的实践操作能力和执行能力，能熟练运用自身理论知识和技能解决现实问题。

第四，国际化人才。互联网时代打破时空限制、超越物理距离，加深了全球化的发展，促进了围棋产品国际化、围棋品牌国际化、围棋媒介国际化、围棋融资国际化等发展趋势，顺势而来的是对围棋产业国际人才的需求。国际性人才是围棋项目向国际推广和普及的重要桥梁，既要有国际性的开放视野，又要掌握围棋产业国际性知识和规则，不仅要了解我国围棋产业国际化发展方向和规律，也要了解不同国家体育产业发展经验以及国际发展趋势，具有跨文化沟通能力、国际交往能力等。

第五，信息化人才。互联网时代的到来，借助信息技术对围棋产业资源进行信息化开发、利用、监控、管理，实现围棋产业信息化，成为当今提高围棋产业发展水平的重要手段。虽然社会不乏信息技术人才，但围棋信息技术人才匮乏，而围棋产业信息化人才成为时代的主要需求。这就要求围棋产业人才既懂围棋科学又懂信息技术，掌握信息在围棋领域中的传递方式与流程，能够对信息进行规划、采集、处理和管理。

（二）围棋产业的人才培养

1.培养目标

服务型、创新型、实践型、国际化、信息化的人才需求反映到培养目标中，则需要培养职业道德良好、知识结构合理、综合素质较高、创新能力较强，具有国际视野，掌握信息技术的复合型围棋产业人才。

第一，必须养成良好的职业道德。一个人的思想品质，很大程度反映在职业道德中。职业道德是职业忠诚的核心要素。竞赛场、服务圈中的种种问题，大体上都因为没有遵循围棋职业道德所诱发。所以，固本强基在于培养围棋产业人才的职业道德。

第二，必须建设合理的知识结构。围棋产业人才的培养必须以多学科融合的知识结构为前提，才能突破有限的知识框架和传统的思维方式，激发创新性思维。融合的知识结构不仅要做到基础知识和专业知识的平衡，还要做到理论知识和实践知识的结合。围棋产业专业人才既要掌握围棋产业领域的基础知识，又要熟悉其他专业领域的相关知识。一方面，掌握围棋领域自身特有的技能知识，熟悉经济学、管理学、社会学等方面的基础理论知识，掌握围棋产业经济、围棋产业管理、围棋市场营销、围棋社会学等专业理论知识；另一方面，随着围棋产业信息化和国际化的发展，还要掌握信息技术基础知识、电子商务知识等，熟悉国际市场规范、国际法律法规、国际围棋管理等。目前，要突出嵌入信息技术知识和国际化知识两大模块。

第三，必须提升综合素质。复合型围棋产业人才必须以培养从业人员的综合素质为前提。综合素质主要由身体素质、道德素质、心理素质和业务素质四部分构成。服务型的围棋产业人才则要有良好的职业道德素养，具有较强的社会责任感和服务意识，对围棋产业领域饱含热情、事业心和进取心。同时围棋产业领域从事者还要有良好心理素质保障如顽强的意志品质、自信乐观的态度、敢于探索的精神、团结合作的品质等。另外，围棋产业人才的业务素质也占有重要地位，主要包括语言沟通、办公软件操作、信息收集与分析等基本业务素质以及赛事组织、产品营销等专业业务素质。

第四，必须增强创新能力。创新能力不仅是围棋产业创新发展的重点能力要求，更是围棋产业人才胜任力中区分优秀绩效者和一般绩效者的关键因素。创新能力即是指创造性发现问题、分析问题和解决问题的能力。创新能力体现在，要有敏锐的洞察能力、批判的思考能力、开阔的想象能力等作为发现问题的前提；要有研究学习能力、沟通协调能力、团队合作能力等作为分析问题的基础；还要有抗挫能力、时机把握能力以及实践转化能力等作为解决问题的保障。

2.培养路径

围棋产业人才培养目标的实现，不仅需要教育理念、培养方案、课程设置的改革，而且需要管理体制、运行机制、资源配置的保障。

第一，树立以产业发展需求为本、创新创业的教育理念。互联网时代，人成为经济发展的第一要素。目前，中国经济处于转型阶段，进入"大众创业、万众创新"时代，创新成为时代最强音，创新是创业的灵魂。大学生的创业前提是承担风险，打破常规，其外在表现是创新行动，内在指导是创新思维。这就要求围棋产业人才培养必须树立以产业发展需求为本、创新创业的教育理念，关注从业者个性发展、创新发展、实践发展，具体在人才培养方案中有设计、实施过程中有贯彻、实践环节中有落实，由传统单一教学方法向现代多元教学方式转变，第一课堂和第二课堂结合，从而突出创新创业能力的培养。

第二，设置学科交融、全面合理的课程体系。围棋产业人才培养的课程设置要以"降低专业重心、注重学科交叉、拓宽专业口径"、"符合市场需求、反映围棋产业多元文化特征和满足综合知识和素质要求"为原则，做到基础和专业、必修和选修、理论和实践课程之间的平衡。形成以信息技术、经济管理、法律基础、政策形势、外国语言等为基础，以围棋营销、围棋产业管理、围棋市场开发等为核心，以围棋广告、体育伦理等为辅助的学科生态群。在增加基础课程门类、完善理论课程教学的同时，要突出实践课程设置，如中期见习、毕业实习、俱乐部经营管理实习、围棋事业单位实习等。另外应该注重信息技术和国际化教育两个模块的嵌入，它们是目前围棋产业人才培养的短板。

第三，构建开放办学、多元协同的管理体制。体制建设是新型围棋产业人才培养的制度保障。在跨界融合的互联网思维方式下，人才培养应突破单纯依靠学校教育的封闭格局，坚持开放式办学，采用"政府、学校、企业"多元主体、协同培养的方式。成立以学校教育部门为主导、围棋行政管理部门为引导、围棋企业为指导的合作组织机构，建立组织规章制度管理办法，明确各自职责。学校主管部门牵头，主动加强政、校之间以及校、企之间的连接。一方面，采用"请进来"方式培养。邀请围棋管理部门领导讲解围棋产业规划、产业政策等；聘请围棋企业精英讲解围棋市场需求、围棋市场运作等，从而引导围棋产业人才培养方向。另一方面，采用"送出去"方式培养。学校与围棋企业通过签订协议或合约建立长效稳定的关系，派送学生走出校园参与实践，熟悉围棋产业市场运作规律。另外与体育行政部门、企业合作，组织学生参与大型围棋赛事策划、组织、服务等。

第四，建立形式多样、协调发展的实践平台。平台是围棋产业人才培养工作的重要抓手，是创新创业人才孵化的重要基地。通过建立形式多样的运行平台，如业务实践平台、公共服务平台、创业竞赛平台等，为学生创新创业提供实践锻炼环境。业务实践平台主要是指围绕与企业合作的实际业务，通过不同的角色扮演和职能定位，使从业人员在真实的围棋产业运作环境中得到锻炼。公共服务平台是通过开展知识讲座、创业论坛等活动内容丰富学生在品牌经营、市场开拓等方面的认知，并且通过发布企业人才需求信息，为学生提供求职或实习机会。创业竞赛平台则通过"以赛促学""以赛孵化"模式激发学生做出创新型成果，培养创新型人才。

案例 8-4：全国围棋师资行业标准及管理办法（试行）节选

为推动全国围棋师资培训体系的建立和完善，提高围棋师资队伍质量，规范围棋师资培训市场秩序和行业管理，中国围棋协会 2019 年 12 月印发了《关于推荐全国围棋师资培训试点单位的通知》，同时下发了《关于开展全国围棋师资培训工作的指导意见》《全国围棋师资行业标准及管理办法（试行）》《全国围棋师资培训培养方案（试行）》等文件。在《全国围棋师资行业标准及管理办法（试行）》中明确了围棋师资的基本知识和技能，围棋师资的专业知识和技能，围棋师资的等级、考评和管理等，在此节选部分内容供大家参考学习。

围棋师资的基本知识结构方面：

围棋师资的知识结构可分为本体性知识、条件性知识、实践性知识和文化知识等四个方面。通常通过接受中、高等学历教育，特别是师范类的专业教育来获得。还要掌握教育学和心理学，少儿师资还要掌握少儿心理学。

1. 本体性知识也指围棋专业知识，参见第四节"围棋师资的专业知识和技能"。

2. 条件性知识。条件性知识是为传授围棋专业知识和技能，以学生易理解的方式表达给学生所需要具备的知识，也就是教育学和心理学等教育科学知识。它是围棋师资顺利进行教学的重要保障。

3. 实践性知识。实践性知识是指围棋教师积累的教学经验，围棋教师在实现教学目的的行为中所体现的课堂情景知识以及与之关联的知识。实践性知识受围棋教师个体经历的影响，并以个体化的语言而存在，表现出教师的教育智慧，具有明显的经验性。

4. 文化知识。围棋教师丰富的文化知识不仅能扩展学生的精神世界，而且能激发学生的求知欲。学生的全面发展在很大程度上取决于围棋教师具有广泛而深刻的文化背景知识。

围棋师资的专业知识方面：

围棋师资的专业知识就是上述的本体性知识，是围棋教师传授的主要知识，也是提升教学水平的必要储备。主要包括围棋常识（围棋的基本术语和规则、围棋的布局理论、中盘攻防、收官技巧）、围棋文化以及围棋的发展历史和趋势。

1. 初级围棋师资应准确掌握围棋的基本术语和规则；初步掌握围棋的布局理论，常用定式；了解中盘攻防、基本棋型和基本死活，以及收官技巧；初步了解围棋的相关基础知识及逻辑关系；初步了解围棋的文化和历史。

2. 中级围棋师资在初级围棋师资掌握的专业知识基础上，加深对围棋基本术语和规则的理解和掌握；基本掌握围棋的布局理论，更多定式；基本掌握中盘的攻防战术，各种棋形，以及比较复杂的死活技巧和收官技巧；了解围棋的相关知识、相关性质及逻辑关系；了解围棋文化的基本知识点及围棋的历史和发展趋势。

3. 高级围棋师资在中级围棋师资掌握的专业知识基础上，较全面地掌握围棋的布局理论；熟练掌握各种定式，以及新型定式的发展变化及其应用；全面掌握中盘的攻防战术以及复杂的死活技巧和收官技巧；全面理解围棋的相关知识、相关性质及逻辑关系；较全面地了解围棋的基本原理，围棋的历史和发展趋势，以及围棋文化对中国传统文化的贡献。

四、围棋产业人才发展对策建议

（一）政府主管部门从顶层设计的高度发挥宏观调控作用

政府主管部门作为国家重要的职能机构和政策制定实施方，对于围棋行业的发展起着至关重要的作用。政府根据各地区围棋产业人才集聚发展的实际情况，明确职能定位，最大化地发挥政府宏观调控功能，加强围棋学校、围棋场馆等基础设施建设、开发多样化的地区围棋产业资源，为围棋产业人才的发展提供良好的环境。推进、加强各类各级围棋人才队伍建设工作，做好面向围棋产业各个岗位的业务培训和技能培训,逐步形成学历教育、集中培训、在职学习、挂职实践相结合的围棋产业人才培养格局。

（二）社会从资源统筹的角度营造围棋产业人才发展的氛围

围棋产业人才的发展离不开各类承载围棋发展的社会机构,所以社会各界应为围棋产业人才的发展尽可能地提供良好的社会环境。社会各界需提高对发展围棋产业、培养围棋产业人才重要性和迫切性的认识,为围棋产业人才发展提供实践机会和条件。社会通过推进社会的各项资源向围棋产业人才发展集聚,参与培养创新型、复合型、科技型围棋产业人才。

（三）企业从人才激励方面为围棋产业人才发展创造环境

企业最直接了解其对人才的需求,企业应积极主动地与高校和围棋协会沟通,及时向高校及围棋协会表明自身所需人才类型及要求,并将评估意见及时反馈给高校和围棋协会,为围棋产业人才提供尽可能多的系统性、实战性培训机会。优化围棋产业人才发展环境,健全各方保障机制,建立以岗位职责为基础,以品德、能力和业绩为导向的人才评价考核指标体系,逐步形成面向全社会的统一、规范、科学的文化人才激励机制。

（四）高校从服务社会的层面承担围棋产业人才培养的责任

在学科建设方面,高校要充分利用自身的科技和教育优势,为围棋产业人才培养奠定良好的基础,及时了解社会需求,培养多元化和具备多方面能力的围棋产业人才。在人才培养方式上,高校需改进人才培养模式,增强知识创新能力与培养围棋产业人才的能力,也要进一步完善围棋产业人才培养的软硬件。

案例8-5：浦江学院设立文化产业管理（围棋）专业

2019年,南京工业大学浦江学院设立文化产业管理（围棋）专业。这是我国第一个在文化产业管理中以围棋管理为特色的专业,预示着中国大学围棋专业教育又迈出了新的一步。

文化产业管理（围棋）专业以文化产业管理宽口径与围棋管理与教育特色方向相结合,围棋与管理、教育相结合,围棋技能与文化并重,培养适应现代社会经济文化发展需要,具有扎实系统的文化产业管理理论知识和业务技能,熟悉围棋理论与文化，具备较高的围棋技术和围棋产业管理能力，能在围棋行业及相关领域从事围棋经营管理与围棋教育教学等工作的高素质应用型人才。

文化产业管理（围棋）类的专业核心课程分为三个板块，分别是工商管理类、文化产业管理类、围棋管理与教育类。工商管理类课程有管理学原理、微观经济学、宏观经济学、财务管理、市场营销、战略管理等；文化产业管理类课程有文化产业管理概论、文化经纪理论与实务、文化产业政策与法规、文化创意与策划、大众传媒管理、中国文化史等；围棋类课程有围棋学概论、基础围棋、中级围棋、高级围棋、围棋产业学、围棋教育学、中国围棋史、外国围棋史、围棋裁判理论与实践、桥牌与象棋等，旨在培养文化产业管理与围棋管理、教育兼通的复合型人才。

其实，早在2016年4月，南京工业大学浦江学院就在围棋界和社会各界的关注下成立了围棋学院。围棋学院依托正大集团的成功品牌与围棋的行业资源，在工商管理专业下招收围棋管理与教育方向的学生。浦江学院也是全国首家开设围棋管理类专业的高校，培养工商管理专业（围棋管理与教育方向）的学生。配合专业教学，围棋专业一系列教材如《围棋学导论》《大学围棋教程》《围棋产业概论》《围棋教育学》《世界围棋简史》也在积极编撰中。浦江学院还在全校师生中大力普及围棋，为此举办了一系列活动，如一年一度的围棋教育与产业高层论坛，围棋文化周，千童教围棋、千生传太极等。与此同时，为配合教学，积极推进围棋文化研究，围棋文化研究院也在2019年3月正式成立。而随着文化产业管理（围棋）专业的设立，可以说浦江学院的围棋专业教育又将迈上一个新的台阶。希望中国有更多的大学将围棋教育纳入到专业教育体制中，教育兴，围棋兴，中国围棋将真正获得长久发展的动力。

【复习思考题】

1.围棋产业有哪些组织及其在产业中的作用？

2.围棋协会对于围棋产业的发展具有什么作用？

3.高校开设围棋专业课程对于围棋产业的发展具有什么意义？

第九章　围棋产业政策

本章导读：

本章简要地介绍围棋产业政策的定义、特征、所起到的作用及存在的问题，并提出完善围棋产业政策的建议。本章重点从围棋竞赛、围棋培训、围棋场馆、财税等几个方面介绍当前与围棋产业相关的政策实践。

学习目的：

1. 了解围棋产业政策的定义、类型和特征。
2. 熟悉围棋产业相关政策。
3. 熟悉围棋产业政策的过程管理及对产业发展的作用。

第一节　围棋产业政策概述

一、围棋产业政策的定义和特征

1973 年，世界经济合作与发展组织在其研究报告中把产业政策定义为"产业政策是增强产业发展和效率的手段"。围棋产业政策是政府制定的促进围棋产业发展的一系列政策的总称。围棋产业政策具有产业政策的相关特征：

第一，制定产业政策的主体是政府。围棋产业政策代表了政府对促进围棋市场机制发育和引导产业发展的干预意图。这个地位使其成为高层次的经济政策。

第二，产业政策是以发挥市场在资源配置过程中的作用，为弥补市场缺陷目的而制定。通过调控围棋产业结构和布局，激发市场配置围棋资源的作用，使围棋资源能在围棋产业不同环节、不同企业、不同地区间得到合理配置。围棋产业政策的对象及政策手段是随着经济发展阶段的演进和经济环境的变化而变化的。

第三，产业政策是一种中长期的经济政策。围棋产业政策属于中长期资源配置政策的范畴，会对围棋产业长期发展产生重要影响。它以市场机制调节为依据，对围棋产业结构和产业供给发生作用，进而实现围棋产业结构的优化，促进围棋产业的发展，助力经济发展。

二、围棋产业政策的类型

（一）从功能定位的角度划分

围棋产业政策可以划分为围棋产业结构政策、围棋产业组织政策、围棋产业技术政策、围棋产业布局政策四大类。

第一，围棋产业结构政策是指政府为使产业结构协调发展而采取的政策措施。其内容包括主导行业选择政策、战略行业扶持政策和幼稚行业保护政策等内容。

第二，围棋产业组织政策是指政府为建立企业间良性、有序、健康的市场秩序和竞争活动而制定的一系列政策。其内容包括产业市场行为政策、产业市场结构政策等，其目的为防止产业内的不正当竞争和垄断。

第三，围棋产业技术政策是指政府通过技术开发、技术创新、技术引进等手段，选择能够推进产业结构高度化的产业技术结构的措施总和。它是指导和保护围棋产业发展的前提条件，是引导、促进、干预围棋产业技术发展的重要政策依据。

第四，围棋产业布局政策是指为优化围棋产业在全国的分布，充分发挥地区优势，使棋资源配置在空间上达到最有效状态而制定的一系列政策。其主要内容包括制定产业布局战略、区域产业政策等方面，其目的为建立科学合理有序的区域分工协作关系，避免重复建设和资源浪费等问题。

（二）从作用方式划分

围棋产业政策还可以划分为供给型政策、需求型政策和环境型政策三类。

第一，供给型政策主要着眼于增加产业投入以扩大产业供给的数量和质量，供给型政策的作用在于直接改善相关要素的供给，主要包括人才培养、资金支持、技术支持、特色产业扶持、投资主体多元化及公共体育等多个方面。

第二，需求型政策旨在引导需求，减少新产品在市场上的不确定性，主要通过政府采购、用户补贴、价格指导和应用示范等政策措施来实施，目的是通过需求侧的拉动刺激企业进行创新与生产，间接推动产业健康发展。

第三，环境型政策着眼于改善针对体育产业中所有企业都会产生影响的环境因素，包括行业准入、产权保护、行业自律等法律法规和行政法规。

政府在实际制定政策时，为达到目标，往往综合采用多种政策类型和手段，同时也会根据政策环境动态调整。

三、围棋产业政策的作用

围棋产业政策对于围棋产业发展的积极作用主要体现在如下几个方面：

第一，弥补市场失灵缺陷，为产业发展营造良好市场环境。当前阶段，我国市场体系还不健全、市场发育还不充分，还存在市场激励不足、要素流动不畅、资源配置效率不高、微观经济活力不强等问题，必须进一步理顺政府和市场的关系，充分发挥市场在资源配置中的决定性作用，更好发挥政府作用，有效弥补市场失灵。

第二，优化营商环境，吸引社会资本投资，促进围棋产业的发展。产业政策的制定和实施，有利于吸引各类社会资本和创新要素进入围棋产业这一新兴领域，加速产业结构的合理化和高度化，有效支持产业的成长壮大。

第三，促进企业有效竞争，优化产业结构。产业政策的实施，可以促进围棋产业内部企业间的合理竞争，实现规模经济和专业化协作，加快形成结构合理、产业链上下游协作配套的产业体系。

第四，指导和推动产业协调发展。近年来，国家相关部委提出了"体育+"、大健康等发展思路，不断出台产业协调发展的相关指导性文件。作为体育产业的一个细分产业，围棋产业正在加速与旅游、养老、休闲、娱乐等产业的融合，不断释放自身的发展潜力。

四、围棋产业政策的过程管理

围棋产业政策从制定到实施是一个动态的管理过程，有既定的内容和程序，一般包括政策制定、政策执行、政策评价、政策终结、政策监督等步骤，每个步骤又包含具体的工作环节。

第一，政策制定。政策制定包括政策问题界定、构建政策议程、政策方案规划、政策合法化等内容，应秉承实事求是、调查研究、民主集中制等原则。

第二，政策执行。政策在制定完成后，将政策由理论变为现实的过程，主要包括设置政策执行结构、政策执行资源配置、政策宣传、政策分解、政策实验、政策实施等内容。政策执行手段包括政治手段、法律手段、经济手段等，使用时往往具有多样化、交叉化特征。

第三，政策评估。围棋产业政策的评估是产业政策实施过程中的必要环节和必然延伸。政策是否有效、实施的结果是否实现了预定目标，具有哪些经验和教训，都需要全面地进行检查和考评，类似于围棋术语中的"复盘"概念。

第四，政策终结。政策决策者通过慎重的决策评估之后，采取必要的措施，终止那些过时、多余、无效或失败的政策。

第五，政策监督。监督主体依照法定的权限和程序对政策运行过程进行监察和督促，以衡量并纠正政策偏差，实现政策目标。

案例9-1：《衢州市围棋发展振兴条例》正式实施

2022年4月《衢州市围棋发展振兴条例》正式实施，该条例明确了市、县（市、区）各级人民政府、村（居）民委员会以及体育、文游、教育、人社、财政等不同部门相应的职责，并从烂柯围棋文化的保护与传承、围棋教育与普及、围棋竞技水平的交流与提高、围棋与不同产业的融合与发展等几个方面制定了围棋发展振兴的详细条例，从宏观层面指导、规范围棋产业化道路。

第二节　围棋产业政策实践

围棋兼具体育和文化属性，享受着体育、文化等方面的一些政策。本节除收集了围棋产业直接政策，还整理了部分相关政策。

一、围棋竞赛相关促进政策

（一）将竞赛表演业作为主导行业进行培育和扶植

1995年6月20日国务院发布《全民健身计划纲要》，提出："体育主管部门要改善资金支出结构，逐步增加群众体育事业消费在预算中的支出比重。鼓励企事业单位、社会团体、个人资助体育健身活动。提倡家庭和个人为体育健身投资，引导群众进行体育消费，拓宽体育消费领域，开发适应我国群众消费水平的体育健身、康复、娱乐等市场。"1995年，国家体委下发《体育产业发展纲要1995—2010年》将健身娱乐业、竞赛表演业作为主导行业进行培育、扶植。

（二）简化审批，繁荣竞赛表演产业

2009年《全民健身条例》的颁布开始把政策侧重点从竞技体育转向全民健身，并引发了全民健身热潮。2014年，国务院《关于加快发展体育产业促进体育消费的若干意见》（国发〔2014〕46号）明确提到，简化赛事审批，放宽赛事转播权限制。2014年12月，《体育总局关于推进体育赛事审批制度改革的若干意见》中明确提到，除全国综合性运动会和少数特殊项目赛事外，包括商业性和群众性体育赛事在内的全国性体育赛事审批一律取消。由此，竞赛表演业开始作为一个市场化运作的产业出现，并不断受到市场的追捧。围棋赛事同样受益于这一系列限制政策的取消，呈现百花齐放的盛况，出现大量围棋赛事。

目前，我国体育产业初步形成了以竞赛表演和健身休闲为驱动、以体育用品为支撑的态势。2021年11月，国家体育总局正式发布的《"十四五"体育发展规划》明确提出，提高群众运动技能水平，并通过各类赛事活动拉动节假日消费和夜间经济，促进体育服务消费提质扩容。

2021年8月，国务院印发《全民健身计划（2021—2025年）》，明确要求：加强全民健身国际交流，与共建"一带一路"国家共同举办全民健身赛事活动，

推动武术、龙舟、围棋、健身气功等中华传统体育项目"走出去"，鼓励支持各地与国外友好城市进行全民健身交流。

（三）完善赛事管理服务机制，丰富群众性赛事活动

2019年9月，国务院办公厅发布《关于促进全民健身和体育消费推动体育产业高质量发展的意见》（国办发〔2019〕43号）明确要求：制定体育赛事活动办赛指南、参赛指引，明确举办基本条件、标准、规则和各相关主管部门的责任。建立跨部门的体育赛事活动综合服务机制或例会制度。开发体育赛事活动安全许可预受理系统，为赛事活动承办方申请许可提供便利。改进商业性体育赛事活动的安全管理措施。鼓励各地采取灵活多样的市场化手段促进体育消费，丰富群众性体育赛事活动、优化参赛体验。以"一带一路"沿线国家为重点，发起组建国际体育产业联盟，推动在"一带一路"沿线国家举办系列体育赛事。

（四）加强知识产权保护，完善赛事分级制度

2019年9月，国务院办公厅发布《关于促进全民健身和体育消费推动体育产业高质量发展的意见》明确要求：推动体育赛事转播权市场化运营。建立体育无形资产评估标准、完善评估制度。支持各类体育协会采用冠名、赞助、特许经营等方式开发其无形资产。

2018年12月，国务院办公厅发布《关于加快发展体育竞赛表演产业的指导意见》（国办发〔2018〕121号）明确提出：着力发展足球、篮球、排球、乒乓球、羽毛球、冰球、围棋等职业联赛，鼓励网球、自行车、拳击、赛车等有条件的运动项目举办职业赛事，建立具有独立法人资格的职业联赛理事会，合理构建职业联赛分级制度。

案例9-2：临汾市人民政府办公厅关于进一步加快围棋运动发展的实施意见（临政办发〔2019〕2号）

为深入贯彻习近平总书记关于体育工作的系列重要讲话精神，顺应新时代体育发展趋势，在全市大力普及推广围棋运动发展，经市人民政府同意，现提出如下实施意见。

一、指导思想

深入贯彻党的十九大精神，以习近平新时代中国特色社会主义思想为指导，把普及和发展围棋运动作为弘扬优秀传统文化，建设文化强市的重要任务，营

造围棋运动发展的良好环境，坚持打造临汾围棋运动城市名片，促进临汾体育事业蓬勃开展。

二、总体目标

立足我市深厚的"围棋文化"底蕴，推动围棋项目深入学校、社区、农村、企业等各行各业，让更多的人接触围棋、喜爱围棋，促进围棋运动的普及。举办、承办各项围棋赛事和对外交流活动，给围棋爱好者提供更广阔的平台、更高的眼界，不断提高临汾围棋的整体水平，用围棋讲好临汾故事。

三、主要任务

（一）积极推进围棋项目进课堂活动。教育部门要推动将围棋项目列入中小学校、幼儿园选修课程，各级各类学校要加强围棋项目专业教师的培训、引进工作，通过开设讲座、举办竞赛等活动，推进围棋运动在全市中小学、幼儿园的普及。

（二）鼓励社会培训机构发展围棋项目。文化体育和教育部门要大力支持、培育棋类协会（学校）开展围棋活动，加强管理、指导和协调。

（三）广泛开展围棋项目宣传。宣传、文化体育等部门要加大宣传力度，充分利用电视、报刊和网络等媒体，引导全社会关注和支持围棋项目，为打造临汾"中国围棋之乡"营造良好的舆论环境。

（四）大力举办各类围棋比赛。市文化体育部门要加强对围棋赛事办赛、参赛工作的指导，举办"尧王杯"系列围棋比赛，力争每年承办一次以上的国家级围棋公开赛等各类围棋赛事；积极组织围棋选手参加全省、全国各类围棋比赛，加强与周边省、市之间的交流与学习。各地各部门也要积极组织中小学生围棋比赛、职工围棋比赛、社区围棋比赛等赛事，推动围棋活动在群众中的开展。

（五）落实鼓励支持政策。教育部门要引导各学校结合自身办学特色，将在市中小学、幼儿园围棋锦标赛和市运会围棋比赛中获奖的棋手纳入特长招生。对围棋活动开展较好、特色明显、成绩突出的学校、幼儿园，教育、体育部门可优先建议省级相关部门授予体育运动特色学校的称号，给予相应的扶持和奖励。

（六）重视选拔培养后备人才。实施围棋专业选手培养计划。建立各年龄段梯队衔接的围棋训练网络，选拔优秀青少年棋手输送到外地进行深造。积极引进高水平棋手到临汾执教，提高临汾围棋教学和竞赛水平。

（七）加强教练员、裁判员队伍建设。建立围棋运动教练员资格认证和岗位培训制度，加强教练员职业道德教育，提高教练员文化素质和训练水平；逐步建立围棋裁判员培训、资格认证和选派制度，提高裁判员专业素质和职业道德水平。

四、保障措施

（一）提高思想认识。围棋蕴含着中华民族文化的丰富内涵，是中国文化与文明的体现。各地各有关部门要充分认识到临汾作为"围棋之源"（尧造围棋），加快围棋项目发展的特殊重要意义，把其作为实施文化强市战略的重要抓手，明确目标，加大支持，努力形成新的竞争优势，为临汾经济社会发展增添新动力。

（二）加强组织领导。文化体育和教育部门每年至少要专题研究一次围棋工作，检查围棋项目开展情况，帮助解决项目发展过程中遇到的困难和问题；市文化体育部门要制订临汾围棋项目发展中长期规划，组织引导各行业和社会力量积极参与围棋项目发展。

（三）加大投入力度。市财政部门要适当增加对围棋项目发展的经费安排。市文化体育和教育部门要积极鼓励支持市围棋协会等相关社会团体在幼儿园、学校开展围棋普及活动，承办国内外大型围棋赛事。各县（市、区）政府也要提高思想认识，加大对围棋项目的财政投入力度，支持围棋项目发展。

二、围棋培训相关促进政策

2001年，教育部、国家体育总局联合发文《关于在学校开展"围棋、国际象棋、象棋"三项棋类活动的通知》（教体艺司函[2001]7号），通知指出："围棋、国际象棋、象棋"三项棋类活动具有教育、竞技、文化交流和娱乐功能，在学校积极倡导"围棋、国际象棋、象棋"三项棋类活动，有利于青少年学生个性的塑造和美德的培养，有利于培养学生独立解决问题的思维能力、操作能力，有利于提高学生的文化素养。各级教育、体育行政部门在促进学生全面发展的素质教育过程中，要结合本地区和各学校的实际，作为"体育与健康"课程中课外文体活动的一项内容，有计划、有组织地开展"围棋、国际象棋、象棋"三项棋类活动。

2016年4月，山东省出台《山东省围棋特色学校授予办法》，明确"特色学校"授予期限为4年，授予对象为本省具有法人资格的中小学校和幼儿园，授予条件包括：（1）围棋进入校本课程，每周一至二节的围棋课；（2）学校成立校队，训练时间每周不少于1次；（3）学校拥有专职或者兼职围棋教师；（4）在校学生获得业余4段以上证书至少2人等。

2016年，中共中央、国务院印发《"健康中国2030"规划纲要》明确提到：实施青少年体育活动促进计划，培育青少年体育爱好，基本实现青少年熟练掌握1项以上体育运动技能，确保学生校内每天体育活动时间不少于1小时。到2030年，学校体育场地设施与器材配置达标率达到100%，青少年学生每周参与体育活动达到中等强度3次以上，国家学生体质健康标准达标优秀率25%以上。《"健康中国2030"规划纲要》的相关条款为推动"三棋进校"奠定了良好基础。

2017年，江苏省宿迁市宿城区教育局印发《宿城区围棋进校园推广工作规划方案》通知，提出至2019年底，完成全区所有学校围棋进校园工作，并设立围棋进校园推广专项资金，通过政府支持，由区政府补助和社会爱心人士捐资等方式组成，以奖补形式对围棋特色学校的教学工作给予资金保障及经费支持。

2018年5月，云南省人民政府办公厅出台《关于强化学校体育促进学生身心健康全面发展的实施意见》（云政办发〔2017〕115号），提出"到2020年，建设省级校园体育特色学校（围棋）1000所、围棋进校园试点县10个，扶持建设150个围棋协会，使经常参与校园围棋竞赛活动的学生达到80万人。培养培训1000名校园围棋教师"。2018年，云南省教育厅发布《云南省围棋进校园三年行动计划（2018-2020年）》，提出"通过三年的时间，建立完善围棋进校园顶层设计，夯实围棋进校园发展基础，扶持校园围棋协会、社团和试点县、特色学校建设，培育校园围棋文化"。

2018年8月，国务院办公厅出台了《关于规范校外培训机构发展的意见》（国办发〔2018〕80号），对校外培训行业进行空前力度的规范和整治。该《意见》对校外培训机构的场所条件、师资条件、管理条件等方面提出了明确要求。培养中小学生兴趣爱好、创新精神和实践能力为目标的培训受到鼓励。对于琴棋书画等兴趣爱好类培训而言，《意见》的出台无疑是重大利好。

2019年1月，山西省临汾市人民政府办公厅出台了《关于进一步加快围棋运动发展的实施意见》，明确提出"积极推进围棋项目进课堂活动，鼓励社会培训机构发展围棋项目，大力举办各类围棋比赛，落实鼓励支持政策"。

2019年3月，中国围棋协会颁布《全国围棋师资行业标准及管理办法（试行）》，旨在提高围棋教师队伍质量，建立健全全国围棋师资培训体系。该办法提出，围棋师资应具备政治思想素质、专业能力素质、文化修养素质、心理素质以及身体素质五个方面基础素质条件，应具有教师的基本知识结构和基本技能，应掌握围棋专业知识和技能。该办法将围棋师资分为三个等级：初级、中级和高级，并对师资的认证、考评、注册提出规范化要求。

2020年8月，国家体育总局和教育部共同印发了《关于深化体教融合　促进青少年健康发展的意见》，明确要求：树立健康第一的教育理念，面向全体学生，开齐开足体育课，帮助学生在体育锻炼中享受乐趣、增强体质、健全人格、锤炼意志。开展丰富多彩的课余训练、竞赛活动，扩大校内、校际体育比赛覆盖面和参与度。教育部门支持优秀体育传统特色学校建立高水平运动队，给予相应政策支撑。

案例9-3：云南省围棋进校园三年行动计划（2018-2020年）

围棋是中华民族历史文化的瑰宝，具有益智、养德、怡情、育人的文化功能。围棋进校园是继承弘扬国粹文化的载体，是推进素质教育、充实学校办学内涵的有益举措，对开发学生智力、促进学生身心健康及提高学生文化素养具有重要作用。对于促进青少年身心健康、体魄强健、全面发展，振奋民族精神、促进民族团结提供有力支撑。为全面深化教育改革，实现教育立德树人的根本任务，根据《云南省人民政府办公厅关于强化学校体育促进学生身心健康全面发展的实施意见》（云政办发〔2017〕115号）要求，结合云南实际，制定本行动计划。

一、总体要求

（一）指导思想

围棋进校园活动要坚持以习近平新时代中国特色社会主义思想为指导，充分发挥围棋育人功能，培养学生独立解决问题的思维能力和操作能力，在校园根植中国特色社会主义文化根基，让学生了解中华文化本质，树立远大中华文化理想，激发广大学生对中华优秀传统文化的历史自豪感。

（二）基本原则

坚持问题导向、改革创新、分步实施和因校而异的基本原则。突出解决制约校园围棋发展的师资、竞赛平台和升学渠道等问题。加强顶层设计，力争在竞赛组织管理、畅通围棋人才成长渠道等关键环节取得突破。

（三）主要目标

通过三年的时间，建立完善围棋进校园顶层设计，夯实围棋进校园发展基础，扶持校园围棋协会、社团和试点县、特色学校建设，培育校园围棋文化。到2020年，基本实现围棋特色学校和试点县布点科学、校园围棋师资规模和教学水平上新台阶、校园围棋竞赛体系和竞赛水平逐步提高、校园围棋人才成长渠道逐步畅通、全省校园围棋文化浓厚的发展局面。

二、重点工作

（四）提高普及水平。到2020年，建设省级校园体育特色学校（围棋）1000所、围棋进校园试点县10个，扶持建设150个围棋协会，使经常参与校园围棋竞赛活动的学生达到80万人。

（五）加强师资建设。到2020年，培养培训1000名校园围棋教师，鼓励专业能力强、思想作风好的围棋教师和有围棋特长的其他学科教师和志愿人员任兼职围棋教师。

（六）完善竞赛体系。试点实施校园围棋积分赛、分站赛，增设小学、初中、高中和大学组。抓紧完善常态化、纵横贯通、赛制多样的围棋竞赛体系，选择幼儿园试点开展围棋启蒙培养。

（七）深化教学改革。成立全省青少年校园围棋专家委员会，加强对校园围棋工作的指导，编制《云南省围棋进校园教学大纲》，完善校园围棋课程体系建设。

（八）畅通升学渠道。在有条件的高等学校设立围棋学院。支持校园围棋运动员进入省级、国家级围棋后备人才梯队。制定云南省校园围棋运动员注册管理办法，建立云南省青少年校园围棋高水平运动员管理信息系统，动态监测学生学习、升学和流动情况。

三、条件保障

（九）完善管理机构。依托云南省学生体育协会成立云南省学生体育协会围棋专业委员会，组建云南省围棋进校园专家组，成立云南省青少年校园围棋教育培训基地和云南省青少年校园围棋发展研究中心。依托云南省学生体育协会围棋专业委员会统筹管理全省围棋进校园师资培训、竞赛组织、围棋社团建设等各项工作。

（十）加大经费投入。围棋进校园试点县和省级校园体育特色学校（围棋）要加大经费投入，每年安排专项资金扶持围棋进校园活动。加强与围棋企业的合作，为学校提供围棋教学软件和一定数量的棋具、教材，满足围棋进校园的必要条件。

（十一）完善交流机制。推动我省校园围棋积极参与国内、国际青少年校园围棋交流。积极承办全国青少年校园围棋赛事，开展与南亚东南亚国家、日本、韩国，中国台湾、香港、澳门等地区学校之间的学生围棋赛事交流。结合我省学校实际，组织围棋优秀教师、教练员、运动员和管理人员到围棋发达省区和国外参加专业培训和交流活动。

（十二）加强产业开发。加大校园围棋无形资产开发和保护力度，通过打造品牌赛事、开发校园围棋附属产品、培育围棋服务市场和围棋销售等围棋产业链。

（十三）鼓励社会参与。鼓励有条件的围棋协会和围棋俱乐部、企业及其他社会组织联合开展有利于校园围棋发展的公益活动。完善相关政策，引导社会资本进入校园围棋领域，依托社会组织机构设立围棋进校园发展基金，多渠道吸收社会资金，支持围棋进校园活动。

（十四）加强专项督导。定期开展围棋进校园督导和评估检查。按照有关规定对工作成绩突出的学校、单位和个人进行表彰奖励，对组织不得力、措施不到位的，对主要负责人实行诫勉谈话。

（十五）营造良好环境。加大宣传，形成声势，引导社会各界更多更好地支持围棋进校园活动。各类新闻媒体要加强对校园围棋赛事活动的报道，广泛宣传开展校园围棋活动的意义和价值。建立云南省青少年校园围棋网站和微信公众平台，提升校园围棋的社会影响力，营造加快发展校园围棋的良好氛围。

三、围棋场馆相关促进政策

（一）促进体育综合体建设相关政策

2014年，国务院发布《关于加快发展体育产业促进体育消费的若干意见》（国发〔2014〕46号），首次提出打造城市体育服务综合体的主要任务，鼓励以体育设施为载体，打造城市体育服务综合体，推动体育与住宅、休闲、商业综合开发。

2016年，《体育产业发展"十三五"规划》将场馆服务业归为重点行业，支持场馆功能拓展和连锁品牌经营。在中央提出号召之后，部分省份还出台配套文件用于指导综合体业务的发展。例如，江苏省出台《关于加快体育服务综合体建设的指导意见》，明确提出"到2025年建成100个以上体育服务综合体"；广州市出台《加快发展体育产业促进体育消费实施意见》中，明确提出"大力打造城市体育服务综合体，推动体育与住宅、休闲、商业综合开发，形成城市新地标"。部分省市将体育综合体纳入本地体育产业资金扶持范围。

现今，体育服务综合体的概念被市场熟知和认可，并迅速升温，不断获得资本和市场的青睐。政府通过发展体育综合体，切实成为拉动体育消费、推动体育产业提质量、上水平、增效益，成为供给侧结构改革的重要措施。

2018年3月，国务院办公厅印发《关于促进全域旅游发展的指导意见》中明确提到，"大力发展体育旅游，将城市大型商场、有条件景区、开发区闲置空间、体育场馆、运动休闲特色小镇、连片美丽乡村打造成体育旅游综合体。"各级政府都非常重视体育服务综合体对体育产业的促进作用，鼓励体育服务综合体项目建设。

江苏作为体育大省，非常重视体育服务综合体的建设。2017年，江苏率先出台了《江苏省体育局关于加快体育服务综合体建设的指导意见》《江苏体育服务综合体建设参考标准》等文件，明确指出："加快建设体育服务综合体，是丰富体育产品供给、提升公共体育服务水平的重要载体，是发展体育产业、促进体育消费的重要抓手。到2020年，全省建成40个左右体育服务综合体；到2025年，建成100个以上体育服务综合体。"

2018年10月，广西印发了《关于加快推进体育综合体建设的实施意见（试行）》（桂体规〔2018〕6号）、《广西体育综合体评定管理办法（试行）》（桂体规〔2018〕7号）等文件，明确提出："到2020年，力争在全区建成100个左右体育综合体；到 2025 年，力争建成 200 个以上体育综合体。"同时，提出了体育综合体六个星级划分方式。

案例 9-4：广西壮族自治区体育局《关于加快推进体育综合体建设的实施意见（试行）》（桂体规〔2018〕6 号）节选

一、发展目标

到 2020 年，力争在全区建成 100 个左右体育综合体；到 2025 年，力争建成 200 个以上体育综合体，实现自治区、市、县（市、区）三级全覆盖，建成设施完备、功能齐全、运营创新、服务领先的体育综合体网络体系。把体育综合体打造成为体育产业的新亮点、体育发展的新引擎、经济发展的新渠道、体育惠民的新平台、健康广西和体育强区建设的新途径。

二、分类和布局

根据自治区、设区市、县（市、区）经济发展状况与社会的需求，将体育综合体分为体育场馆型综合体、商业中心型体育综合体、户外运动营地型体育综合体、体育小镇型体育综合体、旅游景区型体育综合体、美丽乡村型体育综合体六个类型。每个类型的体育综合体等级划分从高到低分为五星级（★★★★★）、四星级（★★★★）、三星级（★★★）、二星级（★★）。

体育场馆型综合体：体育场馆型综合体要突出体育服务功能，认真贯彻落实国家、自治区及各地有关体育场馆设施开放、服务、保障和安全管理等规定，积极开展场地开放、健身服务、竞赛表演、体育培训、体质监测、运动指导、健康管理等体育经营服务。不断推动体育综合体适应群众消费新需求，引进和开发趣味性、体验性强的时尚健身消费项目，拓展与健身、竞赛、培训等功能相适应的休闲、娱乐、餐饮、商贸、会展、文化演艺等服务，提供综合性、多样化消费产品和服务，形成以体育场馆为核心的建筑群落。鼓励采取参股、合作、委托等方式，引入企业、社会组织等多种主体，以混合所有制等形式参与场馆运营。

商业中心型体育综合体：大力发展健身休闲、运动指导、体育培训等体育本体产业，积极拓展体育与健康、旅游、文化、会展、建筑等融合发展的新兴产业，配套餐饮服务、酒店住宿、商品贸易、休闲娱乐等产业带动体育及相关服务业围绕体育综合体集群发展、集聚发展。积极引导运营水平高、品牌影响大、综合实力强的知名健身服务企业入驻商业中心型体育综合体，吸引国内外大型商贸流通企业在区域内设立大型超市和品牌连锁店，鼓励体育及相关企业入驻发展总部经济，增强商业中心型体育综合体的辐射带动功能，将体育健身、日常消费、休闲娱乐、商务活动等城市功能有机组合，与城市发展相适应，与城市经济相融合，与城市文化相协调。

户外运动营地型体育综合体：严格遵守国家、自治区有关自然保护区、风景名胜区等相关法律法规，在保护自然资源和生态环境的基础上，围绕"4核3圈8线"的广西户外运动战略布局，促进户外运动与休闲、旅游、健身、度假、康养、营地、教育、文化等项目深度融合，打造登山探险、漂流溯溪、攀岩探洞、山地越野、徒步露营等以山地运动及户外体验基地、水上运动船艇码头、航空运动飞行营地、汽车自驾运动营地等服务设施为主要内容，集运动、旅游、度假、休闲、养生于一体的户外运动营地型体育综合体。

体育小镇型体育综合体：通过在全区重点培育一批产业特色鲜明、发展模式多元、体育服务便捷、建设空间集约、人文充满魅力、生态健康宜居的四星级以上体育小镇型体育综合体，带动小镇所在区域体育、健康、旅游、休闲、养老、文化等相关产业发展，打造各具特色的运动休闲产业集聚区，形成与当地经济社会相适应、良性互动的运动休闲产业和全民健身发展格局。

旅游景区型体育综合体：以国家4A级及以上旅游景区、国家四星级及以上汽车自驾运动营地、广西四星级及以上乡村旅游区或汽车旅游营地、自治区级及以上旅游度假区或生态旅游示范区等为重要抓手，突出体育服务、体育休闲运动的主要功能，融健康、旅游、文化、休闲、餐饮、商贸等多种服务功能于一体，打造旅游景区型体育综合体，重点打造体育旅游体验式综合产品，构建体育旅游产业体系和品牌，将发展体育旅游与推动全域旅游紧密结合，建设体育旅游产业集群、提升集聚发展的规模和效益。

美丽乡村型体育综合体：立足资源禀赋、区位环境、历史文化、产业集聚等比较优势，围绕田园资源和农业特色，以全国特色景观旅游名镇名村、中国美丽休闲乡村、中国美丽田园、广西四星级及以上的现代特色农业（核心）示范区、自治区田园综合体试点项目、自治区级及以上休闲农业与乡村旅游示范点等为基础，将美丽乡村以健身步道、自行车道相连，整合统筹"体育＋""旅游＋""生态＋""农业＋""林业＋"等模式，以体育元素为核心，推进体育产业与旅游、农业、教育、文化、康养、林业等产业深度融合，打造美丽乡村型体育综合体发展的产业体系。推动美丽乡村型体育综合体所在地政府加强规划引领和政策引导，引导企业、村集体组织、农民专业合作社及其他市场主体，通过股份合作形式组成运营主体，负责产业发展和体育综合体的建设运营。

（二）促进围棋特色小镇建设的相关政策

2016 年 7 月，浙江省政府出台《关于加快发展体育产业促进体育消费的若干意见》指出，将"建设环杭州湾、环舟山群岛、环太湖和环浙南等运动休闲发展带"，"培育创建一批体育特征突出、产业基础较好、产业融合潜力较大的特色小镇"，力争培育 3—5 个以体育产业为主要载体的特色小镇。2016 年 9 月，江苏省体育局印发《省体育局关于开展体育健康特色小镇建设工作的通知》《省体育局关于做好体育健康特色小镇共建推荐工作的通知》，启动了江苏体育健康特色小镇建设工作。

2016 年，住建部、中国农业发展银行《关于推进政策性金融支持小城镇建设的通知》（建村 [2016]220 号），进一步明确农业发展银行对于特色小镇的融资支持办法。建立贷款项目库，申请政策性金融支持的小城镇时，编制小城镇近期建设规划和建设项目实施方案且经政府批准后，可向银行提出建设项目和资金需求。

2017 年 5 月，国家体育总局发布《关于推动运动休闲特色小镇建设工作的通知》，明确指出到 2020 年，在全国扶持建设一批体育特征鲜明、文化气息浓厚、产业集聚融合、生态环境良好、惠及人民健康的运动休闲特色小镇，目前在全国范围选定了 96 个体育小镇示范性试点。国家体育总局提供配套政策支持：除了对纳入试点的小镇一次性给予一定的经费资助，为各小镇提供体育设施标准化设计样式外，还会配置各类赛事资源。

表 9-1：国家关于体育场馆 / 综合体 / 体育小镇相关政策、法规汇总

年份	发文单位与文件名称	主要内容
2011	国家体育总局《体育产业"十二五"规划》	盘活体育场馆资源，提高体育场馆设施的综合利用率和运营能力。多渠道投资兴建体育设施，满足群众体育消费需求。结合体育赛事、健身休闲、体育旅游等业态的发展，进一步拓展和完善体育场馆资源的开发模式。加强体育场馆协会组织建设，发挥行业协会功能。创新体育场馆运营机制，探索运营管理的新模式。
	国务院《全民健身计划》	全国各类体育场地达到 120 万个以上，人均体育场地面积达到 1.5 平方米以上。国务院有关部门制定实施公共体育设施建设规划，引导和支持基层公共体育设施建设，提高体育设施利用率。
2013	国家体育总局《关于加强大型体育场馆运营管理改革创新提高公共服务水平的意见》	首次提出"综合体"的概念：要求加强改革创新，提高运营效能，拓宽服务领域，延伸配套服务，积极发展体育旅游、体育会展、体育休闲、文化演艺等业态，在不改变公共体育场馆性质的前提下，打造特色鲜明、功能多元的体育服务综合体和体育产业集群。
2016	国家体育总局《体育产业发展"十三五"规划》	支持大型体育场馆发展体育商贸、体育会展、康体休闲、文化演艺、体育旅游等多元业态，打造体育服务综合体。推进体育场馆通过连锁等模式扩大品牌输出、管理输出和资本输出，提升规模化、专业化、市场化运营水平。
	国务院办公厅《关于加快发展健身休闲产业的指导意见》	鼓励健身休闲设施与住宅、文化、商业、娱乐等综合开发，打造健身休闲服务综合体。此外，该文件把棋牌与台球、钓鱼、体育舞蹈、广场舞等项目一并被列为重点扶持的体育项目。
	住房城乡建设部、国家发展改革委、财政部《关于开展特色小镇培育工作的通知》	到 2020 年，培育 1000 个左右各具特色、富有活力的休闲旅游、商贸物流、现代制造、教育科技、传统文化、美丽宜居等特色小镇，引领带动全国小城镇建设，不断提高建设水平和发展质量。
2017	国家体育总局办公厅《关于推动运动休闲特色小镇建设工作的通知》	到 2020 年，在全国扶持建设一批体育特征鲜明、文化气息浓厚、产业集聚融合、生态环境良好、惠及人民健康的运动休闲特色小镇

年份	发文单位与文件名称	主要内容
2019	国务院办公厅《关于促进全民健身和体育消费推动体育产业高质量发展的意见》	体育场馆自用的房产和土地，可按规定享受有关房产税和城镇土地使用税优惠。鼓励通过谈判协商、参与市场化交易等方式，确定体育场馆及健身休闲设施使用电气热的价格。 各地区在编制国土空间规划时要统筹考虑体育用地布局，在安排年度土地利用计划时，加大对体育产业新增建设用地的支持力度。利用以划拨方式取得的存量房产、土地兴办体育产业，符合《划拨用地目录》的可按划拨方式办理用地手续，不符合《划拨用地目录》的可采取协议出让方式办理。鼓励各地探索利用集体建设用地、符合条件的"四荒"（荒山、荒沟、荒丘、荒滩）土地发展体育产业。 鼓励各类市场主体利用工业厂房、商业用房、仓储用房等既有建筑及屋顶、地下室等空间建设改造成体育设施，并允许按照体育设施设计要求，依法依规调整使用功能、租赁期限、车位配比及消防等土地、规划、设计、建设要求，实行在五年内继续按原用途和土地权利类型使用土地的过渡期政策。合理利用公园绿地、市政用地等建设足球场、篮球场、排球场等体育设施，鼓励社会资本参与投资建设并依法按约定享受相应权益。已交付的体育设施由体育部门履行监管职责，确保落实体育用途。 组织实施全民健身提升工程，安排中央预算内投资支持全民健身和体育产业基础设施建设。

四、围棋产业其他相关促进政策

（一）围棋衍生产业相关政策

1.文化方面相关政策

发展围棋产业，传播围棋文化，尤其是在国际上推广围棋运动，对于弘扬中华优秀传统文化具有重要作用。因此，围棋产业企业在发展过程中，可以向政府申请和享受文化相关产业的优惠政策。这类政策无论是中央还是地方，都比较全面和完善。例如，2017年，中共中央办公厅、国务院办公厅印发《关于实施中华优秀传统文化传承发展工程的意见》，提出："加大中央和地方各级财政支持力度，同时统筹整合现有相关资源，支持中华优秀传统文化传承发展重点项目。制定和完善惠及中华优秀传统文化传承发展工程项目的金融支持政策。完善相关奖励、补贴政策，落实税收优惠政策，引导和鼓励企业、社会组织及个人捐赠或共建相关文化项目。"此外,文化部、财政部安排文化产业发展专项资金,对文化项目、体育项目进行扶持。部分地方政府也安排有文化产业专项资金支持当地文化事业发展。

2.旅游方面相关政策

围棋赛事往往与旅游项目结合紧密,企业在发展过程中可以向政府申请和享受旅游相关优惠政策。当前,中央和地方结合自身特色纷纷出台旅游与体育相结合的政策。例如,2017年,国家体育总局和国家旅游局发布《"一带一路"体育旅游发展行动方案》,提出八大行动:加大体育旅游宣传力度、培育体育旅游重点项目、加强体育旅游设施建设、促进体育旅游装备制造、推动体育旅游典型示范、发展体育旅游目的地、打造体育旅游合作平台、强化体育旅游智力支撑。

表9-2: 全国及部分省市颁布的旅游相关政策及主要内容

范围	时间 / 文件名	主要内容
全国	2016年国务院办公厅《关于进一步扩大旅游文化体育健康养老教育培训等领域消费的意见》	围绕旅游、文化、体育、健康、养老、教育培训等重点领域,引导社会资本加大投入力度,通过提升服务品质、增加服务供给,不断释放潜在消费需求。要求国家旅游局、体育总局出台促进体育与旅游融合发展的指导意见,大力促进体育消费。
	2016年5月国家体育总局与国家旅游局签署了《关于推进体育旅游融合发展的合作协议》	体育、旅游、金融等国家相关职能部门将共同促进体育旅游互动融合,助力经济转型升级。
	2016年1月国家旅游局、国家体育总局共同印发《关于大力发展体育旅游的指导意见》	到2020年将在全国建成100个具有重要影响力的体育旅游目的地,建成100家国家级体育旅游示范基地,推出100项体育旅游精品赛事,体育旅游总人数达到10亿人次,占旅游总人数的15%,体育旅游总消费规模突破1万亿元。
上海	2012年《关于加快发展体育产业的实施意见》	大力推动现代科技与体育的融合,努力打造以活动策划、工艺设计、体育出版、体育影视、体育动漫、网络传媒、电子竞技和体育文化演出为主的体育文化创意产业集群。
	2012年《关于促进上海体育旅游融合发展的意见》	"推进体旅结合工作"列入年度重点工作,积极整合资源,发展体育旅游。体育和旅游部门还将探索建立一批富有特色的体育休闲旅游基地。

浙江	2011 年《浙江省海洋体育发展规划（2011—2020 年）》	依托其海洋资源，提出打造舟山群岛运动休闲产业服务中心的"一核两翼十区"发展战略。
山东	2016 年《山东省全民健身实施计划（2016—2020 年）》	积极筹建山东省体育博物馆，支持青岛市打造"帆船之都"和"足球名城"城市文化品牌、日照市打造"水上运动之都"、德州市打造"中国围棋文化名城"和"太极拳文化名城"、泰安市打造"国际知名体育休闲城市"、莱芜市打造"国际航空体育文化城"、枣庄市打造"健身秧歌文化城"和"新兴赛车城"。
海南	2016 年《海南省文化体育产业"十三五"发展规划》	依托文体产业发展基础，重点培育影视、动漫游戏、旅游演艺、体育赛事四大产业板块，积极培育文化创意、新闻出版、体育健身服务、体育彩票等相关产业。
福建	2015 年《福建省人民政府关于加快体育产业发展 促进体育消费十条措施的通知》	提出关于完善体育场馆设施、激发市场主体活力、积极发展体育健身休闲业、促进体育与相关产业融合发展、做大做强体育用品制造业等十条措施。
广西	2016 年《广西壮族自治区体育发展"十三五"规划》	依托广西民族传统文化和美丽广西建设，结合"一带一路"倡议和广西与东盟的区位优势，发挥体育在对外交往中的综合功能和独特作用。
云南	2016 年《云南省体育发展"十三五"规划》	明确提到将加快推进昆明、丽江、富宁、普洱、会泽五大高原体育基地，形成集"体育训练比赛、全民健身康体、体育旅游休闲、体育科学研究、国际体育交流"五位一体的体育基地集群。
甘肃		2014 年，甘肃提出"以构建丝绸之路体育健身长廊为载体，加快发展体育旅游业"。2018 年在甘肃省第十三届人民代表大会第一次会议上《政府工作报告》中提到，"甘肃省要加快培育发展以文化旅游为主的现代服务业"。

3. 网络游戏方面相关政策

围棋网络游戏也是围棋衍生产业非常重要的组成部分，近年来呈现一派繁盛的景象。围棋网络游戏主要遵循政府主管部门、行业协会制定的相关法律法规及管理办法。其中，文化部发布《关于规范网络游戏经营秩序查禁利用网络游戏赌博的通知》《关于加强网络游戏虚拟货币管理工作的通知》和《网络游戏管理暂行办法》；2014 年国务院发布《关于推进文化创意和设计服务与相关产业融合发展的若干意见》以及文化部、中国人民银行、财政部联合发布《关于深入推进文化金融合作的意见》；2016 年，国家新闻出版广电总局、工业和信息化部公布的《网络出版服务管理规定》以及中国音像与数字出版协会发布的《移动游戏内容规范（2016 年版）》等文件，针对包括围棋在内的网络游戏产业的设计、制作、申报、审批、支付、融资及监管等方面作出了较为全面、具体的规定。

（二）有关围棋财税政策

对已认定为高新技术企业的体育企业，依法减按 15% 的税率征收企业所得税。提供体育服务的社会组织，经认定取得非营利组织企业所得税免税优惠资格的，依法享受相关优惠政策。体育企业发生的符合条件的广告费支出，符合税法规定的可在税前扣除。落实符合条件的体育企业创意和设计费用，以及开发新技术、新产品、新工艺发生的研究开发费用税前加计扣除政策。此外，部分地区的体育企业还可能享受到更多的政策，比如广西可以享受国家西部大开发的优惠和北部湾经济区的优惠政策。

2019 年 9 月，《国务院办公厅关于促进全民健身和体育消费推动体育产业高质量发展的意见》（国办发〔2019〕43 号）明确要求：体育企业符合现行政策规定条件的，可享受研究开发费用税前加计扣除、小微企业财税优惠等政策。体育场馆自用的房产和土地，可按规定享受有关房产税和城镇土地使用税优惠。鼓励通过谈判协商、参与市场化交易等方式，确定体育场馆及健身休闲设施使用电气热的价格。

案例 9-5：江苏省体育局关于体育服务综合体建设财政扶持的制度

江苏省体育局 2017 年出台的《关于加快体育服务综合体建设的指导意见》（以下简称《意见》）首先明确了加快建设体育服务综合体是创新体育发展模式、完善城市功能的重要途径，是丰富体育产品供给、提升公共体育服务水平的重要载体，是发展体育产业、促进体育消费的重要抓手。

其次，该《意见》明确提出发展目标：到 2020 年，全省建成 40 个左右体育服务综合体；到 2025 年，建成 100 个以上体育服务综合体，实现省、市、县三级全覆盖，在全国率先建成设施完备、功能齐全、运营创新、服务领先的体育服务综合体网络体系。

最后，《意见》提出了具体措施，例如：引导发展体育主题公园、体育旅游、体育文化体验等特色体育服务综合体；将节地、节能、节水、节材、环保、信息等技术引入体育服务综合体的规划设计和建设中，提高体育服务综合体集约化水平；推广政府和社会资本合作模式，鼓励社会资本以独资、控股、参股、特许经营等方式参与体育服务综合体投资、建设和运营。借鉴商业服务综合体开发运作成功经验，支持经济实力强、运作水平高、开发经验足的商业服务综合体开发主体，采取多种方式合作建设运营体育服务综合体项目；鼓励体育服务综合体适应群众消费新需求，引进和开发趣味性、体验性强的时尚健身消费项目，拓展与健身、竞赛、培训等功能相适应的文化、休闲、商业、会展等服务，提供综合性、多样化消费产品和服务；鼓励体育服务综合体引进现代科技和信息技术，提高数字化、智能化水平，打造智慧型体育服务综合体；引导体育服务综合体积极拓展体育与健康、旅游、文化、会展、建筑等融合发展的新兴产业，带动体育及相关服务业围绕体育服务综合体集群发展；发挥体育服务综合体有机融入、高效承载、合理完善城市功能的作用，完善居住、商业、旅游、娱乐、餐饮、停车等功能，促进体育服务综合体与周边区域功能互补、互动发展，优化提升城市功能和品质；鼓励体育服务综合体搭建区域内公共服务平台，开展产业孵化、投资融资、信息咨询、行业交流、人才培训等服务，为区域内企业发展提供全方位服务；在"十三五"前3年，每个设区市建设2—3个体育服务综合体，带动在全省形成一批具有示范效应的体育服务综合体；经省体育局认证为体育服务综合体的场馆，优先列为江苏省体育消费券定点服务场所。鼓励社会资本和各类投资基金投资体育服务综合体建设运营。引导金融机构加大体育服务综合体建设运营项目的信贷支持力度，支持有条件的体育服务综合体运营机构进入资本市场募集资金，鼓励担保、再担保机构提供优惠服务。

第三节　围棋产业政策展望

一、围棋产业政策环境

新时代我国社会主要矛盾已经转化为人民日益增长的美好生活需要和不平

衡不充分的发展之间的矛盾。为数千万围棋爱好者带来精神上的满足、愉悦和快乐的围棋是衡量群众满足感、幸福感的体育项目之一。以习近平同志为核心的党中央大力倡导弘扬与传承中华民族优秀传统文化，而围棋正是中华民族优秀传统文化的结晶。因此，应鼓励围棋产业的发展，普及围棋运动，扩大围棋产业消费群体，夯实产业发展根基。

当前，围棋产业从场馆建设、俱乐部运营到赛事招商赞助等各个环节基本依靠"自力更生"，甚至明确地支持围棋发展的配套政策都很少，产业政策存在供给不足的问题。如果与足球相比，优惠措施的数量和差距明显，例如山东鲁能俱乐部每年可返还税款3000万～4000万元，同时可免费拥有山东省体育中心的使用权、经营权；河南建业俱乐部成立建业足球事业发展基金补足俱乐部运营差额部分，俱乐部税金全免等。而在围棋产业支持政策方面，我国目前仅有云南、成都、临沂等少数几个省份或者城市出台有围棋鼓励政策，但这些政策多缺乏明确的资金补贴支持。

究其原因，我国是发展中国家，许多关系到国计民生的产业亟须发展，各地政府通常把有限的资源优先投入到住房、医疗、农业、工业、军事等事关国家稳定、社会发展、人民安康的核心产业，体育产业整体受到的重视程度略显不足，围棋作为体育产业的细分领域，尽管为国家争得诸多荣誉，但仍面临产业政策支持不足的挑战。

二、围棋产业政策发展展望

围棋产业目前正处于成长阶段，产业基础较为薄弱，需要政府的重视和政策的扶持，才能解决发展过程中面临的困难。围棋产业政策一方面要鼓励市场消费，另外一方面要激活产业的人、财、物等关键要素，释放内生动力，从而促进围棋产业的自发成长。因此，围棋产业政策可以向如下方向发展：

（一）围棋产业政策将更加系统和完整，围棋政策供给将持续增加

各级政府将重视围棋项目和围棋产业发展，出台更加系统的、完善的、针对性强属于围棋自己的产业政策，未来可以从围棋产业结构政策、围棋产业组织政策、围棋产业技术政策、围棋产业布局政策等各方面进行系统性设计，加强顶层设计。如借鉴国家体育总局或相关部委出台的《航空运动发展规划》《水

上运动产业发展规划》《自行车运动产业发展规划》等，出台《围棋产业发展规划》，明确围棋产业发展方向和重点。

（二）围棋产业政策将更加具体化和实质化

产业政策的实质是吸引市场资源投资产业，最终实现产业健康发展，未来围棋产业政策将直击产业发展关键环节和问题，提出具体化的扶持政策。围棋产业的扶持政策可以在以下几个方面发力：（1）指导和鼓励"围棋+"的产业融合发展，推动围棋产业与其他产业的优势互补、资源整合，提升产业综合竞争力；（2）在财税政策方面通盘考虑，着眼于激发市场活力、维护产业健康长期发展、最终拉动围棋消费为出发点，针对围棋产业制定专门的财政及税收优惠政策，在现行相关规定上给予更大支持。例如，企业对俱乐部及大型赛事提供的现金赞助不得在税前扣除，这影响了社会对体育赞助的主动性和积极性；（3）加大对群众围棋的建设和投入，提高围棋人口的总量。

根据国外发达国家体育产业发展经验，基金、彩票、上市等手段均可成为围棋企业融资的有效途径。目前，围棋产业在竞赛表演、俱乐部建设、场馆运营、棋手培养等方面面临融资难的问题，可鼓励设立围棋产业投资基金，从体彩公益金中提取一定比例结合社会募集，用于培育围棋产业。同时，可适当降低围棋产业乃至整个体育产业从业企业的 IPO 上市门槛，放宽融资限制条件，从而推动围棋产业发展。

（三）围棋产业政策将更加突显人才的地位和作用。

人才是产业发展的根基，应重视人才的培养。一方面是政府要重视围棋专业人才的培养工作，充分发挥各级体育传统项目学校和围棋协会的作用，建设全国和地方两个层面的围棋产业人才小高地、示范性青少年围棋培训机构，鼓励围棋特色学校的申办，增加对围棋的宣传力度，试点国家与地方共建高水平围棋俱乐部。另一方面，鼓励地方政府制定专门政策，鼓励和扶持市场主体开展围棋人才的引进和培养工作，鼓励企业与高校等科研机构通过设立围棋产业奖学金，开设围棋课程，定向委托培养，建立硕士、博士流动站点，课题委托研究等方式共建产业人才的培养和使用机制。鼓励和扶持社会力量承担体育产业人才小高地建设的任务。

案例 9-6：各国体育产业融资方式

英国政府自 20 世纪 70 年代以来便设立了"足球信托基金"，用于支持职业俱乐部的发展，每年博彩公司的收入也会提取一定比例注入该基金中。法国也具有类似的由财政设立的专项基金，用于支持职业体育俱乐部的发展。意大利政府鼓励并支持俱乐部通过发行股票进行融资。罗马、拉齐奥和尤文图斯成为第一批上市的足球俱乐部。

而在我国，围棋产业投资基金还未设立，甚至体育产业基金的规模也很小。根据 2006 年《财政部关于调整彩票公益金分配政策的通知》，彩票公益金在中央与地方之间按 50:50 的比例分配。以体育彩票公益金为重要组成部分的中央彩票公益金，在社会保障基金、专项公益金、民政部和国家体育总局之间，按 60％、30％、5％和 5％的比例分配。地方留成的彩票公益金，由省级人民政府财政部门、体育部门研究确定分配原则。根据法律规定，政府留存的彩票公益金主要用于补充全国或当地的社会保障基金、社会福利事业、体育事业和国务院批准的其他社会公益事业。而归属体育总局的彩票公益金，则按照 8:2 的比例用于群众体育和竞技体育。

【复习思考题】

1. 简要阐述产业政策对于围棋产业的作用和意义。
2. 当前围棋产业政策存在的问题主要有哪些？
3. 未来应该在哪些方面优先出台围棋产业政策？

主要参考文献

[1] 陈宇 . 中小机构少儿围棋培训难点与对策研究 [J]. 青少年体育，2019(03):136-137.

[2] 王进亮 . 中国围棋起源及现制围棋的出现 [J]. 学问：现代教学研究，2012(8):108.

[3] 文武 . 中国围棋大会赛事有严肃也有活泼 [N]. 南宁日报，2018-08-12(3).

[4] 燕轩 . 中国历史上的赌博奇闻 [J]. 政府法制，2009(09):48.

[5] 王崇东 . 中国动漫衍生产品的发展现状 [J]. 成都大学学报 (社会科学版)，2012(04):94-96.

[6] 周红梅 . 幼儿围棋活动中的问题和对策 [J]. 动漫界：幼教365，2018(44):94-96.

[7] 业界资讯 [J]. 电视字幕 (特技与动画)，2005(12):69-74.

[8] 徐亮 . 扬州法海寺及白塔考论 [J]. 扬州职业大学学报,2017，21(02):9-13.

[9] 王辉 . 新时代体育特色小镇开发的理论探究 [J]. 武术研究，2019,4(01):128-132.

[10] 许欢科，滕俊磊 . 乡村振兴战略背景下广西边境地区旅游扶贫研究——以大新县为例 [J]. 广西师范学院学报 (哲学社会科学版)，2019,40(01):112-116.

[11] 刘伟，崔志鹏，万雁雁等 . 我院固定资产处置管理风险分析与控制实践 [J]. 中国医疗设备,2019,34(10):108-112.

[12] 李昂，郇昌店，杜江 . 我国体育特色小镇热的冷思考 [J]. 山东体育学院学报，2018,34(04):42-46.

[13] 屈冠银 . 我国培训服务市场营销分析 [J]. 北京市计划劳动管理干部学院学报，2004(03):43-45.

[14] 李凤梅，我国传统体育文化发展趋于边缘化的原因透析——以围棋为

例 [C]，2009 年体育文化论坛 .2009

[15] 李黎 . 我国彩票管理体制亟须改革 [N]. 天津工人报 2015-06-13

[16] 林山 . 围棋是国粹，象棋舶来品 [N]. 北京日报 2014-01-22

[17] 何云波 . 围棋棋盘"形"的演变——话说弈具之一 [J]. 体育文化导刊，
2001(06):52-53.

[18] 张思楠 . 特色小镇的特色发展之路 [N]. 中国财经报， 2018-02-06(003).

[19] 龚阔英 . 盛行于世的汉代博戏 [J]. 宝鸡文理学院学报 (社会科学版)，
2012,32(04):31-35.

[20] 罗从忠 . 日照公路沙滩马拉松 25 日开赛 [N]. 大众日报，2016-09-
06(16).

[21] 惠弋，杨辉 . 浅析围棋在高校素质教育中的作用 [J]. 体育世界，
2006(05):18-19.

[22] 熊健 . 浅谈对市场营销的认识 [J]. 现代企业文化，2016(15):2.

[23] 许昱华 . 棋里乾坤——论棋在当代文艺作品中的叙事意义 [D]. 北京大学，
2011.

[24] 青海省拍卖行业协会 . 拍卖基本知识介绍（二）[N]. 青海法制报，
2014-09-29(7).

[25] 谢锐 .2006 年度榜 [J]. 棋艺 (围棋版)， 2007,No.423(02):41-50.

[26] 颜曼莉，黄力，山林等 . 论三项棋类活动与大学生良好人格品质的培养
[J]. 四川教育学院学报 ,2009(04):4-6.

[27] 胡锐凯，肖竹 . 连续六年高增长 : 成都体育产业进入快车道 [N]. 成都日报，
2018-09-18(013).

[28] 姜业庆 . 开拓场景应用网信集团布局人工智能 [N]. 中国经济时报 ,2018-
04-20(003).

[29] 聚力汇智实现更高层次优质均衡发展 [N]. 联合时报， 2018-10-09(007).

[30] 焦峰，韩梦洁 . 教育培训营销策略探析 [J]. 中国成人教育，2008(09):22-24.

[31] 焦峰，韩梦洁 . 教育培训营销策略探析 [J]. 体育成人教育学刊，
2008(05):1-2.

[32] 孙德常，文长庚 . 基于智能仿真棋盘的围棋学习模式设计 [J]. 信息与电脑，

2019(003):152−154

[33] 石剑桥．基于政策分析的特色小镇发展脉络研究 [J].城市住宅，2018(003):28−31.

[34] 阳翼．基于大数据的营销创新策略研究 [C]，第 15 届中国广告教育学术年会，2016.

[35] 宁龙，周元超．基于"钻石模型"视角下体育特色小镇产业集群化发展研究 [J].辽宁体育科技，2019,41(05):5−9.

[36] 肖志勇．国内外产业融合的发展趋势 [J].环球市场信息导报，2015,No.627(49):7−8.

[37] 陈康．敦煌民间发现古代围棋子的初步研究 [J].敦煌研究，2011(05):44−47.

[38] 王悦．对中小学教育培训行业发展问题的经济分析 [J].广西质量监督导报，2019(07):17−18.

[39] 杨煜．地方博物馆文化衍生品开发策略研究 [J].文物春秋，2010(02):62−66.

[40] 黄海燕．大力促进健身休闲消费 [N].中国体育报 2016−11−22

[41] 张亮，张贺．促进特色小镇健康发展的政策建议 [J].发展研究,2019(04):64−68.

[42] 文武．城围联献爱心 [N].南宁日报，2017−06−26(4).

[43] 邱忆雯．博物馆文化衍生品的开发运营研究 [D].浙江大学，2015.

[44] 邸艳东．YS 公司营销问题与对策研究 [D].河北大学，2011.

[45] 杨波．BX 房屋有限公司发展战略研究 [D].中国地质大学（北京）,2018.

[46] 张斌．赞助大型体育赛事对企业树立品牌的影响及策略分析 [J].湖北经济学院学报 (人文社会科学版),2012,9(08):71−72.

[47] 徐洪涛．在现代建构中置入传统——南国弈园创作记 [J].广西城镇建设，2013(03):20−24.

[48] 顾点燕．运动休闲特色小镇的发展路径探究 [J].拳击与格斗，2019(004):109

[49] 王亚琼．运动竞赛学 [M].1.北京师范大学出版社，2009.

[50] 韩冬.新形势下政府和企业如何利用大型体育赛事实现财政与营销双赢 [J].中国市场，2016(44):101-108.

[51] 丁伟.新媒体内容生态演进的 8 个方向 [J].新闻与写作，2018(11):78-79.

[52] 陈明.现代体育运动竞赛学 [M].内蒙古大学出版社，2005.

[53] 吴阳，牛志培，布和等.我国体育特色小镇发展的问题与对策研究 [J].哈尔滨体育学院学报，2019,37(05):9-16+22.

[54] 黄海燕，张林，姜同仁.我国体育产业人才队伍建设的现状、问题及措施 [J].南京体育学院学报 (自然科学版)，2014,13(03):1-5.

[55] 张晓龙.我国高职院校开设体育经纪人专业的可行性研究 [J]. 文体用品与科技 ,2015(016):138-139

[56] 丁云霞，潘时华.体育综合体转型发展的逻辑动因与路径——基于"以人民为中心"的体育价值取向 [J].上海体育学院学报，2018,42(06):30-35.

[57] 柳伯力.体育市场概述 [M].电子科技大学出版社，2011.

[58] 刘清早.体育赛事运作管理 [M].1.人民体育出版社，2006.

[59] 刘清早.体育赛事运作案例精选 [M].人民体育出版社，2007.

[60] 徐丰超.特色小镇的市场机遇与政策风险 [J]. 中国房地产 (市场版)，2018(006):49-52

[61] 乔文波.全域旅游背景下休闲型体育小镇发展探索 [J].拳击与格斗，2018(16):83.

[62] 黄钦阳.培训产品的市场推广 (市场营销) 研究 [D].首都经济贸易大学，2002

[63] 张霖.南国弈园的绿色建筑实践 [J].绿色建筑，2013,5(01):34-37.

[64] 贾会巧，张志霞.核心素养下小学中段中国象棋课程开发的实践探索 [J].教育实践与研究 (A)，2019,No.490(06):4-7.

[65] 杨晓琳.国内英语培训机构的竞争现状和营销对策研究——以凯里市新概念外国语学校为个案 [D].贵州大学，2010

[66] 郑新立.工业发展政策：比较与借鉴 [M].经济科学出版社，1996.

[67] 李文杰.大学体育教程 [M].武汉理工大学出版社，2006.

[68] 吴立强.产城融合背景下我国体育小镇的发展路径分析 [J].体育成人教

育学刊，2018,34(01):58-60+81.

[69] 张一贺.AlphaGo 背后强大的人工智能技术 [J].数字通信世界，2017(11):78-79.

[70] 王金平."特色小镇"建设的深度思考 [J].南昌师范学院学报，2018,39(01):11-14.

[71] "阿尔法狗"时代的围棋培训"大蛋糕" [N].江苏经济报，2016-03-31

[72] 仇屹珏.论新时期人才对产业发展的重要性 [J].中国商贸，2014(23):201-202.

[73] 张春华，温卢.重构关系:媒介融合背景下传播力提升的核心路径 [J].新闻战线，2018(13):41-46.

[74] 曹冲，季文，薛金霞.云南城市体育服务综合体的发展途径研究 [J].江西电力职业技术学院学报，2018,31(03):165-166.

[75] 何华兵.《慈善法》背景下慈善组织信息公开的立法现状及其问题研究 [J].中国行政管理，2017(01):39-43.

[76] 刘家麒，程晨，张新华.E 世代媒介消费模式的猜想与构建 [J].新闻传播，2011(04):216-217.

[77] 杜杨芳，廖声浩.三种单向线性传播模式对图书馆阅读推广的启示 [J].湘南学院学报，2019,40(03):120-124.

[78] 陈刚.广泛开展全民健身运动,加快推进体育强国建设——以十九大精神为指引开创江苏体育发展新局面 [J].体育与科学，2018,39(01):1-6.

[79] 李明勇，孙玫，文卉.马克思主义信仰教育的传播模式研究 [J].山东社会科学，2012(12):37-41.

[80] 教育部，国家体育总局联合发出通知:积极倡导在学校开展"围棋,国际象棋,象棋"三项棋类活动 [J].象棋研究，2001(4):1.

[81] 丁伟，刘晓鹏，张世悬."人民号":推进深度融合搭建自主平台 [J].新闻与写作，2018,No.412(10):19-23.

[82] 王鼎，廖萍.我国体育特色小镇研究回顾与前景展望 [J].体育科技，2018,39(02):110-111.

[83] 符佳.上海建桥学院今年扩招围棋本科生 [N].浦东时报，2019-05-10(3).

[84] 毛振明，杨多多.《"健康中国2030"规划纲要》与学校体育改革施策（一）——目标：青少年熟练掌握一项以上体育运动技能 [J]. 武汉体育学院学报，2018,52(02):5-10.

[85] 张乐. 浅论报纸的受众定位 [J]. 大众文艺，2010(01):114-115.

[86] 吴曙芳，付存清. 以象棋为特色构建健康校园文化的探究——以凯里学院为例 [J]. 凯里学院学报，2018,36(05):112-115.

[87] 王明光. 围棋人机大战揭开人工智能新篇章 [J]. 智慧中国，2016(04):27-29.

[88] 王瑞. 运动休闲特色小镇体育旅游资源开发研究——以德清县"裸心"体育小镇为例 [D]. 上海：上海师范大学，2018.

[89] 体育小镇，开启体育产业2.0蓝海市场 [J]. 中国房地产，2017(35):56-60.

[90] 曹永跃. 高职教育服务特色小镇建设对策研究 [J]. 职教论坛，2019(03):158-163.

[91] 张现成，王亚文，周国龙，李成菊.《"一带一路"体育旅游发展行动方案(2017-2020年)》的解读 [J]. 体育成人教育学刊，2019,35(01):39-43+2.

后　记

　　围棋是迄今人类发明的最古老的智力博弈游戏，明代文学家谢肇淛所撰写的《五杂俎》中提到："古今之戏，流传最久远者，莫如围棋。"今天，围棋已经从文人雅士修身养性励志修心的工具转变为老百姓喜闻乐见的日常娱乐活动，甚至在大洋彼岸，围棋也赢得了越来越多人的喜爱。围棋产业悄然形成，并逐渐获得市场的青睐，未来有可能成为千亿产值的蓝海产业。

　　产业的发展离不开人才的支撑，人才的培养需要既有一定理论深度，又能与产业化实践密切结合的教材支撑。为此，华智体育产业股份公司与湘潭大学围棋文化研究中心、南京工业大学浦江学院围棋文化研究院组织一批棋界资深学者、棋手和产业从业者，共同编写了《围棋产业概论》。《围棋产业概论》是国内第一部关于围棋产业的大学本科教材，也是第一部对围棋产业发展现状进行系统分析和总结，对产业未来发展趋势进行深入思考的书籍。

　　《围棋产业概论》以实践性和前瞻性为特点，围绕围棋竞赛表演业、场馆建设和运营业、围棋培训业等重点产业，结合围棋产业链的基础知识进行了系统阐述。此外，本教材在各章节的安排上注重理论知识与案例有机结合，激发学习者的内在学习动力，让读者能够更多地掌握每个章节的基本知识与基本脉络。

　　本书由覃洪兵任主编，张行涛任副主编，编写团队主要由华智体育产业股份公司及长期从事围棋教育或产业研究，具有产业经济学学习背景的学者、专业人员组成。各章节具体分工如下：第一章，张行涛；第二章，胡煜清、王延强；第三章，支剑峰；第四章，王一喆；第五章，翟柳军；第六章，苏毅；第七章，郭敬锋；第八章，杨易义；第九章，支剑峰。全书由何云波、丁小中审定。

感谢邵跃波为本教材的框架搭建、逻辑主线提供的建议。在教材编写过程中，我们参考、摘引了国内外研究者的成果，在此特表感谢。

本教材尚有诸多不足之处，请读者指正。